原田香織

戦国武将と能楽

——信長・秀吉・家康——

はじめに

戦国時代、群雄は割拠していた。まさに戦う男たちが血で血を洗う凄まじい世であり、策略が渦巻いていた。日本人が滅亡しなかったのは、天下統一という標榜があり、その背後には、太平の世をめざす思想があったからであろう。能楽は室町時代、観阿弥・世阿弥父子によって大成し、織田信長・豊臣秀吉・徳川家康が台頭してきた当時、武家社会を中心に流行していた。座興で舞う能の乱舞の流行は自らの姿に英雄像を重ねて見せるという眼目がある。

戦国武将が、合戦の中にその自らの生きざまを演じたように、能は武家社会の中に取り入れられて、その場を彩っていった。修羅物など武将を主人公にした作品も多く、殊に戦闘場面においては、現実の戦闘の場面につながり血沸き肉躍るという性質もあった。時に合戦のその場や、武将の切腹のまさにその瞬間に演じたりもされた。

一方、武家政権の支配が終焉した近代においては、時に「能は死ぬほど退屈である」といわれる。

これは、明治維新後の某フランス大使のことばとして有名で、他にも映画監督ジュリアン・デュヴィヴィエ（Julien Duvivier 一八九六―一九六七）、彫刻家オシップ・ザッキン（Ossip Zadkine 一八九〇―一九六七）等も同様の感想を持った。ある意味、近代社会における能の本質をついている。能は、舞台芸術でありながら、時間の流れがおそろしくゆるやかである。近年NHKで正月三が日の一年を言祝ぐ能関係の放映が激減したのも、様式の理解者が少なくなったためである。囃子方が着座したあとの間合いは、じっと動きがないように見えるため、放送上の事故と思われ、苦情の電話がかかってくるからともいわれる。

動かないのが能である。しかし、実は目にはみえない肉体の内実はむしろ激しく動いている。役者の身体には、丹田から縦横に力がみなぎっている。身体の細胞一つ一つが表現性を目指して静かに集中しているのである。演劇であるが、身体の表現と気（―と呼ばれるもの、ある種の緊張感や気迫―）をみることにも眼目がある。

日本には、時間の静止をそのまま楽しむ茶の文化や座禅の文化などがありながらも、一方では効率主義で一秒をも待てないせっかちな現代社会の気風がある。速さに絶対的な価値を置くのは、時と場合による。じっと止まっていること自体は、ある種のアンチテーゼともなる。「間」とは空白であり、空白を作る事は新しい文化を創る事につながる。空白、なにもない空間は創造力を呼び覚ます。ゆるやかな時間は豊かな人間性へとつながることを忘れてはいけない。

現在では、能楽は無形文化遺産（ユネスコ）として登録されている。しかし、一方で能の断絶を危惧されてもいる。明治維新において一部で起こった伝統破壊主義や、第二次世界大戦が伝統文化の大きな転換期といわれそれを乗り越えてきたが、能の滅亡は現代社会の中で常に意識されている。

それは身体芸術・空間芸術ゆえの問題である。動きは師匠の身体から弟子の身体へと伝わり、声も独自の音階と拍子によって成り立ち伝承される。担い手がいないと同時に、見所、つまり観客側も減少しつつある。実は見方にも伝承が必要であり、能において忍耐というのはある種の約束事でもある。

こうした身体的な技術は、紙に書き残せない部分が多い。まず身体芸術としての空気に対する抵抗感や、前後左右に目に見えない壁があると想定しその中を役者が動く。手と足との連動、首の位置、重心、力を入れる箇所、わずか数秒の動きの連続、そして永遠に動かないかと思われる能のストップモーション。現代的な動きから見ると理解し難い部分を持つが、その立ち居振る舞いは、日本の礼節へともつながり、それは重くて厳しい鍛錬の末の美でもある。

ゆるやかな動きに重きを置くこと。優美であること。能の幽玄とはもともと優美を意味した。品格がありながらも時に雄渾に、四角く直線的に空間を切っていく。戦国武将はここに美の水準を置いた。武士道につながる品位と静寂から生まれる心の豊かさを見出したのである。この武家社会の伝統の水準を保つには、「人」が必要なのである。「人」から「人」へとつながる技術といえる。

本書では、戦国時代から江戸時代にかけて、芸能としての能が具体的にどのようにつながってきたか、時代背景として信長・秀吉・家康を中心にたどりつつ、武将たちの能に対する興味の一端なりとも示していこう。

凡例

一　本書は能楽の歴史を軸に、戦国時代の武将の能への対し方、武家式楽への道をまとめたものである。戦国武将の記録はもとより公式記録ではない書物も参考資料として含むため、年代的に正確な事実関係として確認できない事項も含むが、能の文化的な享受の一端を示したものである。

一　人物名は通行の名称を用いたが、必要に応じて幼名などを入れている。

一　能の曲目は書名と同様『　』で括った。曲名は通行の名称を用いた。

一　旧字体については、新字体に適宜変更した。

目　次

第三章　秀吉と能

第四章　能の式楽化

第一章　越智観世家と家康

時を越えた作品『砧』

偶然と必然とは、歴史をどのように変えてきたのか、六百五十年以上続く能の歴史は一体誰の意志が反映していたのか、どうつないできたのか？　能の大成者であり、また観世座の棟梁である世阿弥（一三六三頃―一四四三頃）自身でさえ、能の未来図は予測できなかった。かつて晩年の世阿弥は、嘆息まじりにこう語った。

静かなりし夜、砧の能の節を聞きしに、かやうの能の味わひは、末の世に知る人あるまじければ、書き置くも物ぐさき由、物語せられし也。しかれば、無上無味のみなる所は、味はふべきことならず。また、書き載せんとすれども、さらにその言葉なし。

（『申楽談儀』）

静かな夜、父世阿弥の謡う『砧』の能の節を聞いていたところ、父が「このような能の味わいは、末の世に知る人がいないだろうから、この曲についていろいろ口伝を書きのこすのも面倒である」と話をされた。つまりこの曲の無上無味のみである所は、味わうことが難しい。また、書き載せようとしてもまさに表現を越えていて言葉が出て来ないのである。

『申楽談儀』とは正式には『世子六十以後申楽談儀』という。世阿弥の次男元能が、父親の語った言葉を書き留めたいわゆる能の聞書きである。元能はこの書物をまとめ上げ後世への遺産として残したが、この他の事績は伝わらない。

『砧』への言及は、世阿弥自身の作った曲への深い感慨である。死後に自分の一番の自信作がどうなっていくのか、作家としては気になる所であろう。

『砧』は、応永三十年（一四二三）の『三道』の規範曲にはないことから、おそらくそれ以後の成立とされる。しかし実際に舞われることは少なかった。世阿弥が危惧した通り、夫婦愛の悲劇を描いたこの曲の末路は、公の晴れがましい場では演じられず、室町末期には座敷謡でしかなくなったのである。『砧』は江戸時代の謡本である『謡曲百番』にも入らなかった。

しかし不思議なことに昭和に入ってから、『砧』は、見事に復活上演されて脚光を浴びることになる。これには、昭和の名人である観世寿夫《かんぜひさお》（一九二五―一九七八）の功績が大きい。観世寿夫は、天才能役者といわれ、世阿弥の再来とも讃えられた。能役者として型は美しく、謡には不思議な品格があった。彼は一役者というだけではなく世阿弥伝書を読みこなし、また能以外の身体芸術の様々なジャンルにも挑戦していった。昭和五十一年（一九七六）のヨーロッパ公演にも『砧』を取り上げ、パリ、コペンハーゲン、ストックホルム等をまわり予想外の好評を得ることができたという（『観世寿夫著作集』1）。これは時を越えた『砧』という名作の再発見であり、六百年以上前の伝統に新たな生命が吹き込まれた好例といえる。

世阿弥は「命には終りあり、能には果てあるべからず」といった。この言葉は『花鏡』奥の段にある。能楽研究の第一人者でもあった表章《おもてあきら》氏（一九二七—二〇一〇元法政大学能楽研究所所長）が好んだ言葉でもある。能を永続性のある芸術と考えていた向きがあるが、実際に芸術という概念が室町当時にあったかどうかはわからない。しかし室町幕府の時代に、確かに能楽は武家社会に認められ、貴族社会にも徐々に容認されるようになっていく。

『砧』は『漢書』楚武伝や『和漢朗詠集』に詞章の典拠があり、漢詩や和歌など日本の伝統的な美しい言葉が連なる。詩的性質と劇的性質とが調和した作品である。

テーマは、孤閨をかこつ女性の夫への愛と憎しみである。あらすじは、九州に住む芦屋

月岡芳年「月百姿」きぬたの月　夕霧

某が裁判のために上京する。夫婦が離れ離れになり、女性は三年という歳月を待ち続けたある夜、夫ではなく召し使う側女だけが戻り、つれづれに二人並んで砧を打つ。女性の繊細な傷心が、風景と重ね合わされる。

月のいろ、風のけしき、影におく霜までも、心すごき折節に、
砧の音、夜嵐、哀しみの声虫の音、
まじりて落ちる露なみだ
ほろほろ　はらはらはらと、いづれ砧の音やらん

月の白々とした光、風が吹きぬける様子、月光に置く白露までも、心に強く迫る季節に、砧の音が、夜の強い風に乗って響き、それは哀しみの声にも聞こえ、虫のなく音色にまじって、涙がほろほろはらはらとこぼれ落ちて、いずれが砧の音なのかもわからない。

ここには、日本の晩秋の美しさが描写されている。枯れゆく季節の花鳥風月の風情を尽

くした中、秋の情景と一人の孤独な女性の心情が重ね合わされ、砧の音が響く中に、強い風の吹き抜ける音と、虫の音がまじり伝統的な日本の美が哀しみの中に凝縮されている。

　一人夫を待つ妻の心細さが表現され、切なさと哀しみの中に突然夫への愛が堰を切ったかのようにあふれ出す。しかし、女性は「今年も戻れない」という夫からの伝言に絶望し、その結果、前場ではかなく亡くなってしまう。夫婦の不思議な縁と、死んでも死にきれない女性の煩悩の強い思いが、彼女を再びこの世に引き戻し、後場で亡霊の姿で立ち現われる。男女の愛と憎しみと、絶望のあまり死にゆき、死と死後の妄執という極めて普遍的なテーマを扱った作品である。

　この『砧』という作品は、室町から時を越えて、「謡」によって江戸時代を生き抜き、現代に生きる能となった。愛するが故の憎悪、この相反する要素が、現代性につながる部分かもしれない。これは歴史の中で伝統が新しく紡ぎ出され、新たな価値をもつ作品として再び生まれたということになる。能は演じられる一方で、文学としての詞章の美しさがあり、江戸時代以後も様々な文学作品に典拠として利用され、伝統を継いできた。

能の稽古 ── 今川時代の岡崎元康

能は『伊勢物語』や『源氏物語』などの古典主義・教養主義に基づいた詞章であり、現代にいたるまで日本人の持つ伝統的な美徳を伝えている。かつて戦国武将が能を尊重したのも、社会現象としての流行というだけではなく、謡の詞章のなかにある思想や信条を重んじたためである。しかも能は同時に芸能として演じなければならない。頭で理解するだけではなく謡いながら、所作を伴い、舞うという身体の動きが必要とされる。

日本の武家社会は、院政期終わり頃から始発して、江戸時代までと長い歴史を刻む。その武家文化が、式楽としての性質を持つ能を武士の教養として定着させた。

現代日本社会には当然のことながら、丁髷《ちょんまげ》や帯刀の武士というものは既に存在しない。今では歴史の教科書或いは大河ドラマなどの時代劇にその姿が垣間見えるのみである。それでさえ武士の描写の仕方は昭和時代とは異なっている。乃木希典（一八四九─一九一二）将軍や三島由紀夫（一九二五─一九七〇）の頃にはあったかもしれない武士の魂、武士の心が大和魂として、日本人の気質に残っているかどうか現代では確認のしようがない。それは血で血を洗うような物騒なものではなく、ある種の気概の問題であり、「桑の弓　蓬の矢」（『弓八幡』）のように戦わずして、平和で安泰な世の中を実現することに重点がある。

では、能楽はどのように続いてきたのか。徳川時代において能楽が式楽として伝統を保守できたのは実は徳川家康（一五四三―一六一六）が果たした役割が大きい。六百五十年という長い能の歴史の中に、天啓ともいえる出来事が起こっている。一つは越智観世家と家康との奇跡的ともいえる縁である。

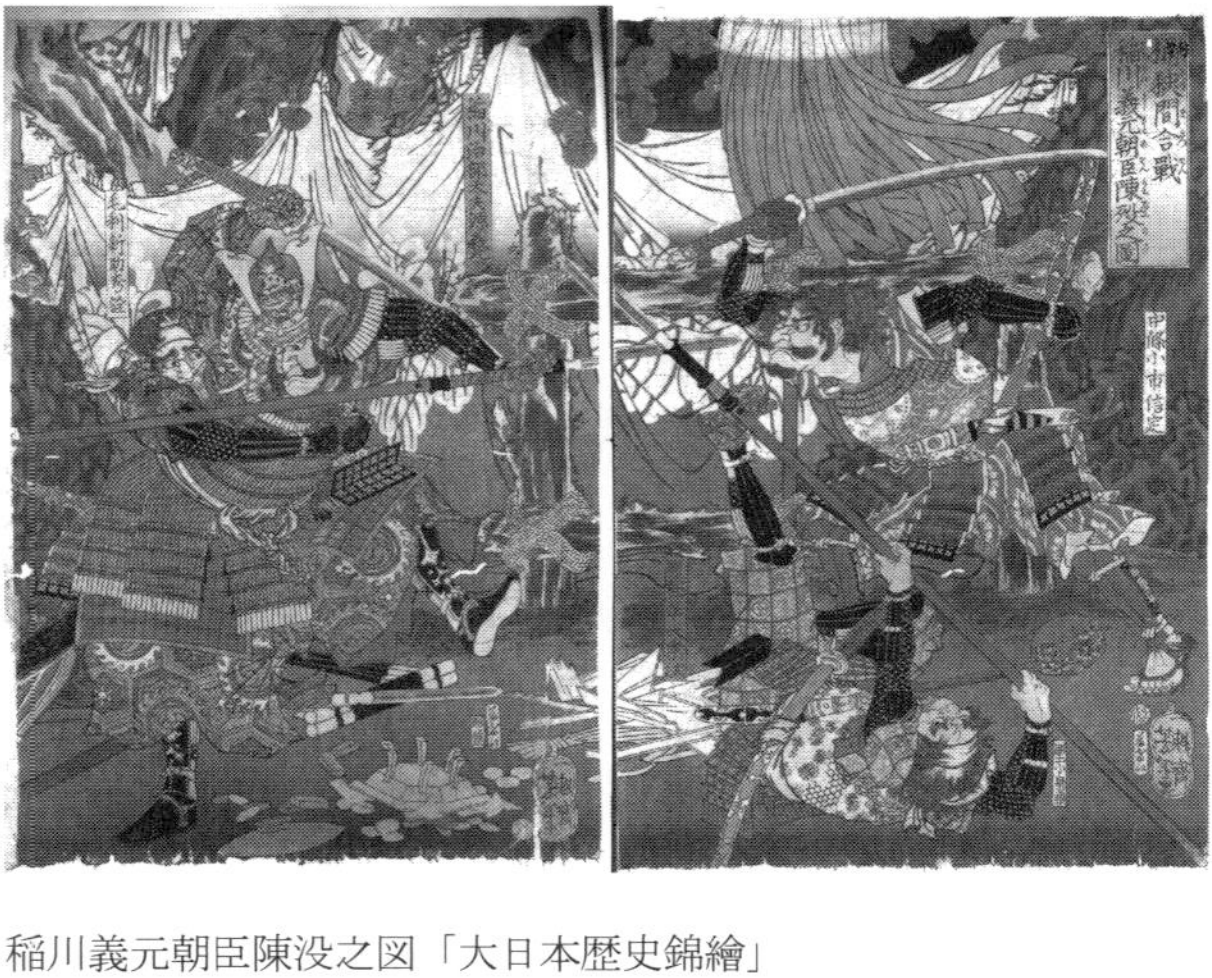

稲川義元朝臣陳没之図「大日本歴史錦繪」

家康が天下人となる前のことである。岡崎元康という一人の若者がいた。周知の通り家康の今川人質時代の名前である。無名時代に能との出会いがあった。

ここで、家康の経歴について、簡単に振りかえってみよう。家康は、天文十一年（一五四三）十二月二十六日三河国岡崎の城主松平広忠（一五二六—一五四九）の子として生まれた。幼名は竹千代という。竹は生命力の象徴であり、千代は「千代に八千代に」つまり長寿を保ち、繁栄への願いが込められたものである。母親は三河国刈谷の城主水野忠政（一四九三—一五四三）の娘であり、名は於大（伝通院殿）といわれた。この頃の松平氏は、今川氏と織田氏との両勢力にはさまれた弱小の大名である。竹千代は片田舎のほとりで育っている。

桶狭間合戦

父広忠は今川方に属しているが、母方の実家である忠政の子の信元が織田方に転じたために、竹千代が三歳の頃に、母於大は離別されて実家である刈谷の城に戻っている。竹千代は六歳で今川氏に人質として送られる途中で、三河田原の城主戸田康光に奪われて、織田信秀のもとに送られる。家康は天下騒乱の時代に、人質時代を過ごすという困難な環境を運命として受け入れなければならなかった。

天文十八年（一五四九）に広忠が没した後、今川義元（一五一九―一五六〇）は岡崎城を管理下に置くとともに、安城の城を攻略して、城主織田信広を捕えた。ここで織田信広との人質交換によって竹千代は岡崎に帰り、ついで駿府に移った。

竹千代は弘治元年（一五五五）、十三歳のときに元服して次郎三郎元信と称した。そして、弘治三年（一五五七）には今川氏の一族である関口義広の娘（後の築山殿）と結婚し、元康と改名している。「康」は祖父清康の一字である。岡崎元康時代である。このころに能の越智観世大夫と出会っており、教養としての能を身につけたと思しい。

家康は江戸幕府初代将軍として、盤石の礎を築いた。文化面において、幕府の式楽として能楽の位置が完全に定着するのも、家康の影響が大きい。こうした文化を政治の一手段として利用する戦略は、織田信長時代から続く手法といえる。

能が「型」という技術を持ち、また「謡」が、洗練の度を加えて武家社会に浸透していく過程には、家康の功績が大きかった。戦国時代から能を取り巻く環境が整っていくことになるが、能が当時の戦国武将の教養として定着していたことは確かである。

観阿弥・世阿弥――越智観世家の由来

ここで能の歴史についてたどっていこう。今川家に出入りしていた越智観世家の祖先とは誰か。時は遡ること、南北朝から室町時代にかけて大和猿楽四座《やまとさるがくよざ》(観世・宝生・金春・金剛)がその隆盛を誇っていた。観阿弥・世阿弥の時代のことである。

世阿弥は三代将軍足利義満(一三五八―一四〇八)によって、父観阿弥とともに京都文化圏を中心に栄華をきわめた。いわゆる今熊野の能での出会いが始まりである。有名な話であるが、世阿弥は美少年であった。美は人を動かす。三島由紀夫は、世阿弥が天才少年である以上にその美貌を兼ね備えている点を重視し指摘した。室町幕府の北山文化がいっせいに花開いた時期に、能は古典文学の伝統にのっとり、その内容が洗練されていった。いわゆる、和歌や漢詩、故事成句などからなる詞章である。

世阿弥は父観阿弥が没してから後、四代将軍足利義持時代は苦境の時代であったとされるが、着実に能役者としての地歩を固める。観世流初代棟梁の観阿弥、二代目世阿弥、世阿弥の嫡男十郎元雅という流れである。これが世阿弥にとっての嫡流であり、有能な子孫に恵まれ、観世家は一見すれば安泰であるかに思われた。

ところが、籤《くじ》将軍ともいわれ、暴君として万人恐怖の政治を展開した六代将軍足利義教在位の時代（一四二八―一四四一）に、世阿弥は排斥されることになる。実は義教には僧侶であった青蓮院時代から贔屓《ひいき》にしていた役者がいた。それは世阿弥の弟である四郎の子、音阿弥（一三九八―一四六七）であった。将軍お気に入りの役者として、常日頃この音阿弥を用いたのである。ここから世阿弥は晩年の苦境の時代に入る。

このときに、世阿弥迫害ともいえる一連の出来事があった。永享元年（一四二九）仙洞御所出入り禁止、翌年の醍醐清滝宮楽頭職の罷免である。つまり名誉といえる京都の醍醐寺（伏見区醍醐東大路町）の楽頭職を解かれ、院（退位した天皇）の御座す仙洞御所への出入りを禁止された上、世阿弥自身は永享六年（一四三四）佐渡へ配流されることになる。

流刑の理由は定かではない。世阿弥に何らかの非があれば、これは因果応報として、やむをえないことであるが、将軍の単なる贔屓筋の違いというものがもたらした結果であれば、一人の老いたる能役者の流刑は非情とさえいえる。これら一連の事件は、いわゆる世阿弥晩年の悲劇とされる。

さらに、この間にあった世阿弥の最大の不幸は、嫡男の死である。自分の跡を継ぐはずの嫡男元雅が、伊勢の安濃津（三重県津市）という場所で地方巡業の際に不帰の人となる。客死の理由はわからない。『夢跡一紙』で世阿弥は、

道の破滅の時節到来し、由なき老命残つて、目前の境涯にかかる折節を見ること、悲しむに堪えず

（能の道の破滅の時期が到来して、老命の自分が生き残り、目前の人生でこのように息子

の死を見るとは悲しみに耐えない）

と築き上げてきた能の道の断絶を思い、老境の我が身を嘆き落胆した。そしてその後自らの身は京都を追放され、佐渡への島流しとなる。世阿弥が帰京した年代は伝わらない。

　なぜ世阿弥は配流されたか？　実は伏見宮貞成親王によれば義教の政治は「万人恐怖」と記された。義教の狂気や疑心は、様々な貴族や武士にも向けられ、世阿弥同様の憂き目にあうものが増え、永享年間には多くのものがわずかな非を咎められ、処罰や追放の対象となった。後年の赤松満祐による将軍義教暗殺事件は、「嘉吉の変」というが、将軍贔屓の音阿弥が能（『鵜羽』と伝わる）を舞っていたときに起こった。宴に呼ばれていた客人たちには、突然の出来事であり、将軍犬死と言われる。

　この後、能役者音阿弥は、この物騒ともいえる将軍暗殺事件の影響によって、禍々しい存在として世間から遠ざけられ、贔屓筋を失ってその勢力が衰微するものの、再起を果たす。これも「希代の上手　当道無双」（『大乗院寺社雑事記』）といわれた芸の力といえよう。

能役者として自ら積極的で地道な活動を続け、再び八代将軍義政に認められ、観世の家を再興する。

一時期において、観世流の能の系統は一見不可解なものとなる。どちらが観世家なのか、観阿弥―世阿弥―元雅の系統（越智観世）と、観阿弥―弟四郎―音阿弥の系統（京観世）という二系統で「観世二流」と世間はいぶかる。

音阿弥の系譜の一方、三十代で早世した世阿弥の嫡男元雅の家系は、一見消失したかにみえる。それは現在の観世流の系図には観阿弥―世阿弥―音阿弥と続くものの、元雅の名前はどこにもないからである。大夫を継いでいないための結果である。

しかし、この元雅には子供がいた。世阿弥を継ぐ直系嫡男元雅の家系は、元雅の子が大和の越智に組織したことにより越智観世座と呼ばれる。世阿弥の弟の子供音阿弥の観世座よりも、奈良の文化圏において、このころには格上とされていたふしがある。後年、この越智観世座が家康との関係を結ぶ。

観世元雅という存在 ――『隅田川』

夭折したためか、志半ばにして世を去ったためか、観世十郎元雅には悲劇の人物、薄幸の人というイメージがつきまとう。しかしながら芸能者の聖地として有名な奈良の天河神社には、元雅が『唐船』を舞い、阿古父尉の面を奉納した記録が確かに残る。龍村仁監督のドキュメンタリー映画「地球交響曲第八番」（二〇一五）は「樹の精霊に出会う　能面阿古父尉の復活」として、元雅の能面が現代の面打師見市泰男氏の手により復活し、上演される過程を描いている。

また、元雅が芸能史上において確かな足跡を残しているのは、能の作品においてである。『伊勢物語』を典拠の一部として元雅は『隅田川』という名作を書いた。

あらすじは行方不明になった我が子を尋ねて、京都からはるばるとさすらいの旅を続けてきた美しい女性が、隅田川のほとりで船に乗り旅を続けているときに、ふと大念仏の声を耳にする。その時、母は船の渡し守の哀しい話を聞いた。「人商人にさらわれ、遠い旅の途上で病に倒れた幼い少年がいるという。その子は十二歳、北白河の吉田某の一人子」というのである。女性はその時に「話の中の亡くなった少年は、我が子である」と、はたと気づく。哀しみの強い感情にとらわれ母親は茫然自失となるが、周囲に勧められ絶望の中に力を振り絞って念仏を唱える。すると不思議なことに亡くなったはずの我が子の声が聞こえてくる、その墓標に子の幻影をみるという、母子の悲劇を描いた作品である。『伊勢物語』の「東下り」を背景とした美しい虚構性と、当時の人身売買という社会問題を扱った作品であり、その悲嘆は、定めなき世に対する哀しみが凝縮している。

人間憂いの花盛り　無常の嵐音添ひ
生死長夜の月の影　不定の雲おほへり

人間は憂いが多く、憂いの花に囲まれているかのようで、桜の花の盛りに無常の嵐が吹くと儚く散るように、人の生死も、長い夜に出る月が、雲に覆われるように、不定なものであるこれは、日本近代文学を代表する作家三島由紀夫が好んだ能の句でもある。

『隅田川』の能は作曲家ベンジャミン・ブリテン（Benjamin Britten 一九一三―一九七六）が一九五六年日本滞在中に鑑賞し、その後海を渡り、「カーリュー・リバー」（*Curlew River—A Parable for Church Performance—*）というオペラ作品（一九六四年イギリス・オールドバラ音楽祭初演）ともなる。これは同曲を教会劇として脚色したものである。

また能の『隅田川』は、母子の情愛と別離とを主題として、現代にいたるまで歌舞伎・日本舞踊などを含め一連の「隅田川もの」と呼ばれる伝統の作品群を形成した原点となる作品である。歌舞伎の『隅田川』は六世中村歌右衛門

隅田川『能狂言画帖』（東洋大学付属図書館蔵）

の当たり役でもあり、一九七一年ジョン・レノン（John Lennon 一九四〇―一九八〇）が来日の折に見て感動している。元雅の優れた詞魂は、能の世界でも歌舞伎の世界でも現在も継がれているといえる。

さて越智観世座は、世阿弥の嫡孫、二世観世十郎大夫が活躍するものの、その後二世で血統は途絶えてしまう。しかし京都から六世観世大夫元広の長男十郎大夫が入って、越智観世座の名跡を継いだ。世阿弥の家を養子縁組で存続させることになる。

そして奇遇にもこの三世観世十郎大夫は、今川氏を頼って駿河に下って活動しており「駿河の十郎大夫」とも呼ばれた。徳川家康がこの越智観世十郎大夫に能を習い、その後の今川氏滅亡後も、引き続いて越智観世家を庇護することになる。

これがきっかけとなり、家康は十郎大夫の弟の七世観世大夫元忠（宗節）やその養子の八世の左近元尚（元盛・元久）との縁もできる。この関係から、能が江戸幕府の式楽として定着していく道が開けた。能を習っていた若き家康が、天下人になろうとは、そのとき誰が予測しただろう。

桶狭間の戦いから天下統一へ——信長と家康

いわゆる戦国時代において、どのような文化が流行していたのか。中世芸能は続いており、能は乱舞などで人気を博しており一方では幸若舞もあった。

いわゆる、永禄三年（一五六〇）桶狭間の戦の折である。これは織田信長の尾張の領内に陣取った今川義元との戦いである。五月十八日には、岡崎元康は孤立した大高の城に兵糧を入れることに成功しており、武名を挙げている。

しかし翌日、十九日の午前に風雨の中で、信長が奇襲作戦に出た。信長の三千人の兵による攻撃によって、二万人といわれる大軍を率いていた今川義元が思いもよらず敗死した。この快進撃は、今でも三大奇襲の一つとして歴史上の語り草となっている。

信長は「運は天にあり」と叫んだ。折からの驟雨、周囲の者が止めるのもかまわずに、決死の覚悟で出陣を決めた。その時の様子は、馬の鞍の前輪をたたき、「信長、敦盛の舞を遊し候」（『信長公記』天文廿一年五月十八日条）と、士気を鼓舞したという。この舞は信長十八番の『敦盛』である。

人間五十年
化天の内をくらぶれは夢幻の如く也
一度生を得て滅せぬ者の有べきか
（『敦盛』）

人間界の五十年（人の一生は）、化楽天の八千歳に比べると（或は、下天＝天上界の下にあるこの人間世界という解釈もある）、夢まぼろしのようにはかないものである。一度命を得たもので、滅びないものがあるだろうか

信長はこの後に出陣した。この『敦盛』の場面は特に有名で、信長の最期、本能寺の変のときの辞世とも重なって喧伝されている。炎の中で死を覚悟した信長が舞うイメージが伝承として残るが、信長は特に若き薄倖の武将が主人公である幸若舞の『敦盛』を好み、これ以外は舞わなかったという。

元康はこの好機をとらえ、岡崎城に入って、織田信長と和睦を模索することとなる。これによって元康は今川氏から離れ、永禄五年（一五六二）にいわゆる清洲同盟を結ぶ。駿府にいた妻関口氏と長男の信康は、鵜殿長照（不明―一五六二）の二子と交換されて無事に岡崎に移っている。永禄六年には、今川義元からもらった「元」の字を捨てて、家康と改名している。家康の「家」は、天下第一の武勇者と名高い八幡太郎・源義家（一〇三九―一一〇六）に由来するともいわれる。

永禄六年九月に勃発した三河の一向一揆は、半年にもわたる大きな動乱であり、宗教が絡むことによって松平氏の家臣を二分した。家康にとっては生涯の危機の一つでもあるが、家康は果敢に戦ってこれを平定し、翌七年二月には和睦に成功している。この一揆は、一

小田上総介信長「太平記英勇伝　壹」
（東京都立中央図書館特別文庫室所蔵）

向宗の寺院の不入権を家康の部下が侵害したことが発端であった。

一向宗寺院に勝利したことによって、戦国大名としての家康の支配は、荘園制に由来する旧体制を認めないという方針が確立されるのである。ついで同七年に吉田（豊橋）と田原との両城を攻略して、東三河を支配下に入れた。

家康は永禄八年（一五六五）から、高力与左衛門清長（一五三〇―一六〇八）・本多作左衛門重次（一五二九―一五九六）・天野三郎兵衛康景（一五三七―一六一三）の三人をいわゆる三河奉行に任命して、民政を任せることとなる。俗謡に「仏高力、鬼作左、どちへんなしの天野三兵」（寛大な高力・剛毅な本多・慎重な天野）と評される。

永禄九年十二月に、家康は松平姓から徳川に改姓している。そして武功により朝廷から従五位下三河守に叙任される。同十一年に、信長と前年に和睦した武田信玄に呼応して、家康は遠江に出兵した。同年十二月に信玄も駿府を攻略し、家康が使者を送り、大井川を境に、武田氏が駿河を支配し遠江を徳川氏がとることを協約した。永禄十二年五月には、今川氏真がいた掛川城が陥落して、遠江はほぼ平定された。

将軍宣下能――信長の第十五代将軍足利義昭擁立

一方、その後の織田信長は、天下統一への道をたどり、東海道における勢力を絶大に伸ばすことになるのは、周知の通りである。

永禄十一年（一五六八）十月十八日、信長の擁立した足利義昭が室町幕府の第十五代征夷大将軍になった（在位一五六八―一五八八）。そして二十二日には、将軍宣下祝賀能というべき催しが行われる。将軍擁立は、信長にとっては「無双の御名誉」であり、「末代の御面目」を果たしたと評価される。

『信長公記』には、将軍宣下の祝賀能の演目について、

今度粉骨の面々見物仕るべきの旨、上意にて、観世大夫に御能を仰せ付けられ云々、わき能　高砂　二番　八島　三番　定家　四番道成寺　信長の御鼓所望候。然りと雖も辞退申さる。五番　呉羽云々

とある。

　将軍擁立の祝宴として観世大夫を召して、御能をするのが、いかなる名誉となるか、信長はその効果を知っていた。演目は、五番の正統的な形式をとっており、豪華な内容である。祝言能として相生の松に御代を言祝ぐ『高砂』、勝利を伝える勝修羅『八島』、鬘物として式子内親王と定家の禁じられた恋の伝説を伝えた『定家』、重習として特に能役者にとっては重要な『道成寺』、機織女の呉織が君の御代を言祝ぐ『呉服《くれは》』と、演目としては将軍家の祝宴にふさわしく、天下統一へ向けての宣伝となった。

　このとき信長は、将軍に自身の鼓の披露を断ってい

道成寺『能狂言画帖』(東洋大学付属図書館蔵)

るが、将軍宣下祝賀能という伝統は、この後に江戸幕府に継がれていくことになる。安土城などにみられる信長の美意識は優れており、それは伝説化され現代に伝わっている。

織田信長は文化的な行事に政治的な機能を持たせたが、その点で傑出した才能であった。信長は戦国時代において一つの文化規範の型を示した。結局、足利義昭は豊臣政権確立後に、室町幕府最後の将軍としてその幕を閉じることになる。

織田信長と鼓――能役者扶持

織田信長の父は織田家の家老織田弾正信秀（一五一一―一五五二）である。家は財政的にとても豊かであったと伝わる。父信秀は戦国武将として、美濃の斎藤道三や駿河の今川義元等と戦う一方で、この当時の伝統や文化を尊重した教養ある人物とされる。茶の湯・和歌・音曲・蹴鞠・犬追物・連歌・『古今和歌集』の蒐集など、当時の多方面にわたる教養や文化を身につけていた。そうした背景が、信長の絢爛たる安土文化へと影響を与えていたことは想像に難くない。

信長自身は、能が好きであったかどうか、はっきりとした証拠はない。ただ信長が好んだとされる鼓の記事は散見する。『信長公記』に年次は不明であるが、およそ弘治二年（一五五六）頃の記事がある。

七月十八日をどりを御張行
一　赤鬼　平手内膳衆　一　黒鬼　浅井備中守衆　一　餓鬼　瀧川左近衆
一　地蔵　織田太郎左衛門衆　弁慶に成候衆勝て器量成仁躰也
一　前野但馬守　弁慶　一　伊藤夫兵衛　弁慶　一　市橋伝左衛門　弁慶
一　飯尾近江守　弁慶　一　悦弥三郎　鷺になられ候一段似相申候也
上総介殿は天人の御仕立に御成候て小鼓を遊し女おとりを被成候

とある。赤鬼、黒鬼、餓鬼、地蔵、弁慶、鷺などの物まねを、それぞれの武士が余興をしている。信長（上総介殿）は、天人の格好をして、小鼓を披露したり、女踊りをして興じている様子が伝わる。

また、信長は鼓の名人を庇護している。鼓は打楽器として武家社会にふさわしく、気迫とそのたたずまいにより男性的な勇壮な世界を形成する。時にリズミカルな展開、掛け声と独自の空間を切り裂くような気迫ある音色を出し、当時単独でも鼓の演奏が催されるなど人気があった。特に信長は小鼓の観世宗拶や大鼓の三世大蔵二助虎家を贔屓していた。『近代四座役者目録』の「金春近代大鼓撃之事」の条では、信長は「宗拶・二助ソコヘ」と、観世宗拶・大蔵二助虎家二人の鼓の役者を側において、贔屓にしていた記事が伝わる。大蔵二助虎家は越後国の出身であり、六、七歳のときに二世大蔵九郎能氏が鼓を教えており「こいつは拍子が良いよ。役に立つだろう」といわれる。二助の生来もつリズム感の良さが伝わる記事であり、名人の誉れが高い。二助に鼓を教えた大蔵九郎能氏は、世阿弥の娘婿でもあった金春禅竹の孫にあたる。父大蔵道加が分家して、九郎能氏が観世信光に師事して流派をおこし、三世に当たる二助虎家（道知）が信長の贔屓として活躍するのである。

囃子方系図　観世宗拶・大蔵二助虎家

小鼓方観世家

初世宮増弥左衛門親賢（弘治二年没）――二世観世彦右衛門豊次（宗拶）（天正十三年没）

大鼓方大蔵家（大倉流）

初世大蔵道加――二世九郎能氏――三世二助虎家（道知）（慶長六年没）

また、観世方小鼓の宗拶（観世彦右衛門豊次）については「永禄十一年十月廿日付、彦右衛門宛　信長朱印状」（法政大学能楽研究所の観世新九郎家文庫）がある。この当時の能役者に対する保護をしていた資料であり、信長の朱印状は領地安堵などの内容である。これによると、宗拶に領地を与えている。彼は宮増弥左衛門の弟子であり、当代一流の名人であった。豊次の「豊」の字は「越前国朝倉輝豊」が与えたもので、「次」は流派を継ぐべき者という意味である。彼が現在まで続く名門、観世新九郎家の始祖となる。朱印状は将軍足利義昭の沙汰と思われる「彦右衛門宛下知状一通」と同日一対のものである。「西岡

最福寺分　河之東西一圓ニ任　御下知之旨可致直務候」とある。他にも、同月二十八日付の彦右衛門宛ての朱印状や、元亀四年（一五七三）六月二十八日の信長に協力し始めたころの荒木村重の書状などが残る。

また、同じく「観世小次郎宛　信長朱印状」もある。永禄十一年（一五六八）十月二十四日付、この時信長は、将軍宣下祝賀能に出演した観世小次郎元頼に褒美として朱印状を与えている。元頼は観世座ワキ方で、観世弥次郎長俊の子である。同じく観世新九郎家文庫にあり、領地安堵の朱印状である。

観世小次郎御扶助之事
一　勧修寺村所々散在之事付醍醐分
一　密乗院分
一　西林院分
一　薬師寺新介分

一　泉蔵主分
一　甚二郎分
右前々以筋目被　仰付之年貢諸公事物等無異儀可令収納之状如件
永禄十一年十月廿四日

である。以上、確かに、将軍宣下祝賀能など信長の能役者に対する保護がなされていたことがわかる。

能の流行・乱舞の流行

さて戦国時代、武士に求められていた技能や教養とは何か。

例えば、戦国時代尼子氏に仕えた多胡辰敬《たこときたか》が書き残した『多胡辰敬家訓』では武士が身に付ける教養にふさわしいものとして、以下の項目を挙げている。

第一、手習学文　第二、弓　第三、算用　第四、馬乗事
第五、医師　第六、連歌　第七、包丁　第八、乱舞
第九、鞠　第十、シツケ（躾）　第十一、細工　第十二、花
第十三、兵法　第十四、スマフ（相撲）　第十五、盤ノアソビ　第十六、鷹
第十七、容儀

この家訓では、基本的に武家として「人の用にたつ人になる」ことが重要という価値観がある。では、他者の役にたつ有用な人物とはどのような人か。これは内容としては実学第一主義といえる。武士道などの精神性や或いは武力一辺倒ではない点が興味深い。これらの事項すべてを身に付けるのは難しいが、武士としては、「読み書き算盤」が初等教育といえ、文字の読み書き、弓、算術、馬術などは必須であろう。また病気のときの薬の調合や連歌などの教養、料理と続く。特に第八番の乱舞とは、この場合、正式な能というよりは、謡・笛・小鼓・大鼓・太鼓・仕方などを適宜つけて舞う、いわゆる能の全般の技能

を指している。

このことからも当時の武家社会の教養の一つとして、能の乱舞があったことがわかる。舞は身体に凝りかたまった感情的な部分を解放し、精神的な均衡を取り戻す一手段として有効であった。乱舞の瞬間には、あらゆる日常的な負の感情を忘れられる。感情を解放するための謡と乱舞は、道具なしでも可能であり、戦国武将には基本的な教養とされた。

例えば、能役者は武家にとって身近な存在であり、『上杉家御年譜』巻七には大倉源右衛門という大鼓の役者についての言及がある。これは永禄四年（一五六一）七月三日・四日条であるが、

関東ヨリ御帰城ノ御祝　且ハ諸士ノ労ヲ休メン為御能アリ　初日ノ事ナリシニ庭上警衛ノ中ニ見ナレヌ士アリ　目付ノ者吟味ヲ遂テ様子尋捜スルニ　京都ノ猿楽大倉源右衛門ト云者也　戦場ヲ見物致サン為　潜ニ御弓ノ列ニ加リタリ　政虎公聞シ召レ大倉カ志ヲ感シ玉ヒ　翌日ノ御能仰セ付ラル　依之源右衛門鼓ノ秘術ヲツクス　聞者

耳ヲ驚カサスト云事ナシ　御喜色余リ有テ　大倉ヲ召出サレ　金帛ヲ賜リ暫ク府内ニ
留置ル

とある。この内容は、関東から帰城の折に、慰労のために能があり、初日に警備の中に見慣れぬ武士がいた。尋問すると、それは京都の猿楽の役者大倉源右衛門であり、実は戦場を見物しに、こっそりと弓の列に加わっていたのだという。翌日大倉は能を仰せつけられると鼓の秘術を尽くした。周囲のものは耳目を驚かし、上杉政虎公は喜色の余り、大倉を召しだし、褒美として金と布帛を与えたという。この人物は、五世源右衛門正幸という紫緒を許された名人であるが、武家社会のもつ気迫に通じるものが、能の鼓にはある。

家康、世阿弥の秘伝書を所持する

さて、永禄年間（一五五八―一五七〇）に、徳川家康は岡崎城で謡初めを挙行している。謡初めとは新年の最初に謡をして祝うという行事である。新年四日の行事として、後の江戸幕府の年中行事として定着し、幕末まで同じ形で続けられた。家康の様式が踏襲された形である。

家康のもとには、実は世阿弥の秘伝書が献上されている。この頃の家康は、まだ若輩者として扱われており、武将としての知名度もさほど高くはなかった。しかし、驚くべきことに門外不出の世阿弥の秘伝書が越智観世家の十郎大夫との縁で、家康のもとに舞い込んだのである。運命の不思議なめぐり合わせとも言える。

むろん秘伝書というからには厳重に秘蔵された書物である。世阿弥自身は「外見不可有。秘伝、秘伝」という厳しい掟を課し、「心ざしの芸人より外は、一見をも許すべからず」(『風姿花伝』第六花修)と厳しく相伝そのものを管理した。「秘すれば花なり。秘せずば花なるべからず」(『風姿花伝』)という秘伝の本意を世阿弥自身は熟知していたのである。

それは、『花伝第七別紙口伝』においても、

此別紙口伝、当芸ニ於イテ、家ノ大事、一代一人ノ相伝ナリ。タトイ一子タリトイ

フトモ、不器量ノ者ニハ伝フベカラズ。
「家、家ニアラズ。継グヲ以テ家トス。人、人ニアラズ、知ルヲ以テ人トス」ト言ヱリ。コレ、万徳了達ノ妙花ヲ極ムル所ナルベシ。

とある。『花伝第七別紙口伝』は、この芸の世界において観世家の大事であり、一代一人限りの相伝である。たとえ血がつながっていても能力のない子には伝えてはいけない、という厳しい戒律となっている。

世阿弥がこれほどまでに秘伝を守るように伝えた伝書類は、十郎大夫から家康へ献上された。『花伝第七別紙口伝』（観世文庫蔵）に奥書があることでわかるが、越智観世家では世阿弥伝書を直に相伝された子の元雅・元能両人分と、相伝者が特定されない伝書類を相続しており、最も多くの伝書

「歌へば感ありて舞へば面白き」（寺岡棠舟書）

を継承していたのである。

世阿弥は、自分の死後によもや自分の伝書が、その後の天下人となる家康の手もとに置かれるとは、予想だにしなかっただろう。娘婿でもあった金春禅竹にさえも見ることを許さなかったその伝書が、家康のもとに入り、家康を介して観世家へとわたる。

観世大夫元忠父子（七世・八世）が戦国の争乱を避けて、家康を頼って元亀・天正（一五七〇—一五九三）の頃に浜松に下ったときに、そこで家康の手許にあった越智観世家伝来本を転写した。このようにして世阿弥の伝書は観世大夫家にも伝わることとなり、現在にいたる。また戦国武将で、能の数寄者であった織田信忠（信長の長男）や細川幽斎らが家康所持本を転写している。

名高い武将であった幽斎が書き写すほどであるから、能には武家社会の美学、哲学があったともいえる。能は、身体芸術という性質上、時空間に支配され、その美的な本質をとどめることができない性質でありながらも、そこに哲学を語る要素が多分に含まれていたのである。

第二章　戦国時代と能の流行

織田信忠の能愛好

ここで、織田信忠（一五五五頃—一五八二）のエピソードへ移ろう。信忠は能が趣味で、稽古を重ね好んで能を舞っている。信忠は自身で能装束や、面、道具類を一揃え持っていた。さらに徳川家康のもとにあった世阿弥の秘伝書を書き写し所持本としたことなどからも、能に関しては、玄人筋に近い熱の入れ方であった。謡の詞章は古典主義であり、和歌や漢詩故事成語を含む難しいものであるし、能は思想的に深く仏教の影響も強かった。またその身体表現は丹田に力を入れ重心は低くするのが常で、またその重心のまま角度を変えるなど、武家的な動きとして理想的な形であった。能は脇能・修羅能・鬘能・雑能・切能と五番立てで、役は神・男・女・狂・鬼と種類も多いことから、武将にとって格好の趣味であった。

『当代記』巻二、天正九年（一五八一）三月九日条には、信忠について、

> 此比城介信忠能を被㆑好、自身行㆑之給、手前見事之由、上下云々、信長聞㆑之給、武将たる者強不㆑可㆑好之由曰、甚無㆑興、則城介能道具悉召㆓寄之を㆒、丹波猿楽梅若大夫に被㆑下、舎弟伊勢國主信雄同北伊勢かんへの三七主も此道雖㆑被㆑好㆑之、信長不㆓知㆑之給㆒、

と伝えている。すなわち信忠が、能を趣味としており、その手並みが見事であることが人々の評判になる。しかし噂が父織田信長の耳に入ると、武将たるものは、趣味などに入れ込んではいけないと厳しくこれを叱責し、信忠の能道具すべてを取り上げ、丹波猿楽の梅若大夫に与えた。その弟の織田信雄も同じく能を好んだが、信長は知らぬままであったという。

信長自身、戦国の世の厳しさについては、十分に認識しており、芸能的な事柄への熱中

はかたく戒めている。武将たるものが武道以外の事柄に熱中するのは本道から外れていると危険視していたのである。信長は芸能をあくまで政治的な場の道具として接待には用いたものの、猿楽などの遊興そのものを日常的に見ることに反対していた。長男信忠に対しては、「武将の好むべきものにあらず」と、これを禁止した。

一大国を預置之條、万端に付て、機遣油断有ては曲事に候。第一、武篇簡要候、武具兵糧嗜候て、五年も十年も慥に可拘分別勿論候、所詮欲を去可執物を申付所務候様に可為覚悟候。子共寵愛せしめて、猿楽遊興見物等、可停止事　（『信長公記』巻八）

という。大国支配を預かりおくためには万事につけ、油断なく行うように指示し、武具や兵糧など先々五年も十年も手配できるように、政権維持のために覚悟すべきであることを言い渡している。私利私欲を捨て、また嫡子には能に深入りさせないように戒めを与えている。子供を寵愛して、猿楽や遊興の見物などしないよう戒めたのである。丹波猿楽の梅若大夫を贔屓にしていたが（彼は決して名人というわけではなく下手のあまり信長を不機嫌にして叱責されている）、天下をめざした信長にとって、能とはその程度のものであった。

能道具のうち、信忠が何を所有していたかは明らかではない。能は豪華絢爛な装束をつけることから宝物としての引き出しが多い。能面・装束（仮髪、冠り物、上着、着付け、袴、鬘帯、腰帯など）・扇のほかに、小道具として登場人物の役柄を示す持ち物（女性なら花、武士なら太刀、僧なら数珠など）がある。特に装束類は実に凝ったものが多く、美術的な価値も高い。能は基本的に男性が演じるものであるため、登場人物になりきるために、曲目の数に対応して数多くの道具類の所持が必要となる。二百番以上に対応する能道具はコレクションを始めると人を引き付け

作り物　羯鼓台（銕仙会）

る魅力がある。
　しかし戦国武将として信長は、能への耽溺を信忠に戒めたのである。

浜松時代の家康

　一方、徳川家康はどのような状況にあったか。元亀元年（一五七〇）に、家康は引馬に築城して本拠をここにうつし、地名を浜松と改め、また岡崎には長男松平信康をおいた。家康は、京都から下向した観世大夫七世宗節、八世左近元尚を庇護している。例えば『当代記』巻一の元亀二年（一五七一）八月の条には、その模様を伝えており、

　廿六日　於㆓遠州濵松㆒、観世宗節入道、同左近大夫能仕、家康公も同能し給、同廿八日、又能右同前、初日は九番、後日十五番有㆑之、此時は岡崎三郎信康主能し給、是家康公一男也、年十三

とある。これは八月二十六日に、遠州浜松において、観世大夫七世宗節と、八世左近元尚が能を仕り、家康公も同じく能をされた。同二十八日、また能を同じようにされた。初日は九番、後日十五番、この時は岡崎三郎信康も能をした、彼は家康公の長男で、年は十三歳である、という。この時代は、現在よりも一曲の上演時間が短かったとされており、多くの能を舞うことができた。

　この間に織田信長は上洛に成功し、家康もこれに協力して、越前の金ヶ崎に兵を進め、一旦は京都に退却したが、六月に信長とともに近江の姉川で浅井・朝倉両氏の軍と戦って、勝利を得た。同年から武田氏は遠江と三河に侵入する。戦国時代においては殺伐とした戦い一辺倒というわけではなく、合戦の合間には、こうした催しをしていたのである。

『当代記』巻一には、

　元亀三年　八月十二日、於㆓遠州濱松㆒能有㆑之、観世大夫同駿河に先年居住のをち
観世十郎両人行㆑之、

と、先年より居住している越智観世十郎と、観世大夫とが浜松の地で能をしている記録が残る。同年（一五七二）八月には、

同十六日に又能有レ之、家康公能し給、此をち観世十郎向二家康公一申けるは、駿河の乱之時、鉢の木の能を仕し、又只今仕之由申けるを、鈍なる者とて人笑ける、此時も初日九番、後日十五番在レ之、

（武田信玄遠州発向の前）

とある。越智観世十郎は家康に向かって、駿河の乱のときには能『鉢の木』をしたので、今回もまたこの曲をしようと提案している。周囲は「鈍なる者」であると笑ったというが、この日も初日は九番、後日十五番と多くの曲を舞っている。

　この『鉢の木』とは、武士道賛美の主題を持つ。内容は、佐野左衛門尉常世が雪の夜に旅の僧侶に一夜の宿を乞われる。貧しさのため薪もなく、秘蔵の鉢植えの梅・松・桜をた

いて、旅の僧に暖をとらせて、「鎌倉に事が起きたら一番に駆けつける」という覚悟を話す。実は、この僧とは前執権の北条時頼が身をやつしたものであった。後日鎌倉に諸国の武士を召集したときに、佐野左衛門尉常世が馳せ参じると、時頼は前の言葉に偽りがなかったことを賞して、鉢の木に因み梅田・松枝・桜井の三荘を与える、という内容である。義を重んじた武士の美談となっており、御恩と奉公との関係をよく示すわかりやすい話で、武家社会においてはその心意気が美徳として当時好まれた。

元亀三年（一五七二）十二月には、浜松城の北方を西上する武田信玄の大軍勢（家康勢の三倍の大軍）に対して家康は果敢に出撃したが、三方原で大敗し、このときは自分の命さえも危なく、辛うじて帰城することができた。その勇気は「天晴《あっぱれ》」とされた。しかし後年、信長にあらぬ嫌疑をかけられ、武田方に通じていると疑われたために、家康の妻関口氏と子の信康の命が奪われることとなる。家康にとって生涯における最大の悲劇であり、痛恨の極みといえる出来事となる。

天正元年（一五七三）に信玄は没した。その死は秘密にされ、子の武田勝頼の軍は引き続いて遠江に侵入し、翌二年に高天神城を占領している。

さて、地方における能の状況はどのようなものであったろう。武田家にはしっかりとした決まり事があった。

武田信玄と能 ――『甲陽軍鑑』における能の次第

風にはためく旗に「風林火山」の四文字。これは「疾如風、徐如林、侵掠如火、不動如山」の意味である。武田信玄（一五二一―一五七三）といえばこの「風林火山」を思い出す人も多いであろう。甲斐の武田氏は、清和源氏の系譜を継ぐ名門の家柄である。信玄は、幼名は太郎、勝千代といい、元服して晴信、出家して信玄と号した。法性院、徳栄軒が法名である。甲斐国、信濃、駿河、西上野、飛騨、東美濃、遠江、三河の一部に及ぶ地域を支配した。信玄の活動の規模は相当に大きい。

有名なのは、長尾景虎（上杉謙信）との闘いである。天文二十二年（一五五三）八月、信濃に出陣した景虎と、更級郡川中島で対陣した「越中川中島の対戦」で、これは五度にわたる。

しかし、戦国武将としては落書もある。

子を殺し　親に添ひてそ追出す　かゝる心を武田とや云

という（『当代記』巻二）。これは天文十年（一五四一）六月に、信玄が父親信虎を今川義元のもとに追放したこと、永禄十年（一五六七）長男を殺していることを指す。この背景には父親信虎が独断専行して家臣団と対立して信頼を失っていたこと、かつ長男晴信（信玄）ではなく、継嗣を次男信繁にする動きがあったからである。

また、永禄八年（一五六五）、信玄の長男義信の謀反が発覚して、それに関係した重臣たちが処断された。信玄は、直ちに高遠城主の四郎勝頼に織田信長の養女を娶らせ、体制の立て直しを図っている。永禄十年（一五六七）には、義信に切腹を命じ、家臣団からは起請文を提出させている（生島神社文書）。殺さなければ、殺される。それが戦国時代の風潮とはいえ、やはり血縁同士の殺戮は、峻烈であり残酷とさえいえる。

日本の歴史の中で限りなく勇猛な戦国武将ではあったが、一方で猿楽能という文化（教養）を持ち続けた点には注目すべきであろう。

天文十三年（一五四四）、信州戸石合戦において、「此の時節は、信玄公少も大事になされず、帰陣ありて何の仕置の沙汰もなく、猿楽をあつめ七日間能をさせて見物あり」という。

一方敵方として対峙していた上杉側も、永禄四年（一五六一）五月一日には上杉政虎（景虎）が、相模鎌倉で関東管領より上杉姓を賜った祝儀として、宝生・金剛の能を催す（『蔵田文書』・『関谷清治所蔵文書』）など、能は既に、全国規模で武家社会に定着していた。

甲斐武田氏の軍学書である『甲陽軍鑑』によれば、年次不明であるが、「猿楽衆　一観世大夫　一大蔵大夫　両座合て子共をかけて大夫共に五十一人也」と扶持していることがわかる。能役者は観世大夫と大蔵大夫であり、両座合わせて子供も含めると五十一名、これはかなりの大人数である。『甲陽軍鑑』をみると、合戦ばかりではなく、武田家が独自の手法によって、文化的・制度的に優れている点が散見する。

能の話については、天文十九年（一五五〇）御能館について詳細な取り決めがあった

（『甲陽軍鑑』巻七）。その項目については、以下の通りである。

品第十六　能之次第

一、舞台の高さ
一、地うたひのうしろ
一、同水引
一、松たて候事
一、勧進能之時の事
一、楽屋の次第
一、正面の橋ヨリ出入之事
一、桟敷の盃之事
一、色袈裟出事
一、観世大夫能之事
一、舞台うしろ
一、舞台をふく事
一、橋がゝりの長さ
一、脇のうしろ
一、少人の御能
一、楽屋入の事
一、舞台合之事
一、花扇出事
一、桟敷伺候之覚悟
一、橋かゝり通礼

一、大夫を呼出ス次第
一、猿楽に扇出ス事
一、同キ小袖遣ス事
一、同キ折紙を遣事
一、田楽猿楽ニ太刀可渡事

一、能の時樽肴出す事
一、猿楽ニ舞台ニテ太刀渡事
一、御簾面之事
一、大夫御桟敷へ被召事

まず能舞台の高さや、舞台上での能役者の後方の広さ、舞台の設定の仕方、水引、橋懸り、松を建てること等について、具体的な指定があったことが窺われる。また大夫について、呼び出しや褒美を遣わす際の決まりごとの項目もある。

さらに、その内容については、口伝や詳細な決まり事があったらしい。口伝の部分は、書き留められる類ではなく、相伝の内容といえる。芸能には秘伝・口伝がもとよりあって、大切な事柄は人から人へと正確に伝えるのが基本であった。

能之次第

一、舞台の図　口伝。

一、舞台の高さは、御座敷によるべし。口伝。

一、舞台のうしろに、いかやうの人有とも不苦。去ながら、弓鑓など長道具をば置べからず。是は正面要心のためなり。

一、地うたひのうしろには、屛風を立べし。又夜に入ば鉄籠をあかす。橋がゝりにて同前。

一、舞台の上をふく事あらば、むねよりふく。同おほひと申が本なり。

一、上の水引のあまるをば柱にまくべし。

一、橋がゝりの長さ三間、広さ一間、但所によりて今長とも。

一、松を立事、しまひ柱の松枝、松ぎはの松枝、らんかんの竹、末と〳〵をゆひちがゆる也。

一、脇のうしろの柱に愛宕の札ををす。

一、勧進能の時は、脇座の柱ぎはに蝋燭あり。

さらに、品第十六においては、能の次第について、細かい取り決めが書かれている。現代社会においては、能を観るときには食事はできない決まりであるが、当時は、樽や肴が準備されていた。能の時に樽肴を出す際の決まりとして、能楽の番組が五番立の時は二番の狂言が終わってから、番組が七番ある時には三番目の番組がすぎてから、「仕手の仕舞の間には、出すべからず」、という規則になっている。また、樽を出す時の順番は、「さきへ盃、其次に折、公卿には食籠《じきろう》を準備し、その次には餅などその跡御酒也」となっているが、武家能のときには、「盃、折り詰め、公卿には食籠をだし、餅なども出し、そのあと御酒」となっている。

長篠の合戦とえびすくい —— 酒井忠次

天正三年（一五七五）五月二十一日の三河の長篠の合戦で、武田軍は大敗する。これは織田信長と徳川家康の連合軍が鉄砲の組織的活用によって、合戦のあり方を根本的にかえた戦いとして歴史的に有名である。火縄銃は、すぐには発射できないため、次弾発射までに時間差が生じていたが、織田・徳川軍の鉄砲隊は一列目の兵が射撃のあとにうしろに下がり、二列目、三列目が撃つ間に弾を込めるという作戦で、勝利した。

さて、長篠の合戦であるが、以下のような挿話が伝わる。家康が長篠の前の竹広村の弾正山に御陣をすえたとき、御家人たちが武田の大軍の猛勢を怖じて、士気があがらない様子を見て、酒井左衛門尉忠次を呼んで、得意芸の「ゑびすくひの狂言せよ」（エビをすくう物まねで滑稽な芸をせよ）と命じた。

忠次は命をうけ、すっと立って舞いはじめたが、えびすくいの物まねの芸はかねてからの忠次の絶技であるので、「一座の者はみな、ゑつぼに入り、哄と笑ひ出しにより。三軍恐怖の念がいつとはなく一散してけり」という。大軍への恐怖感をいかに和らげて、闘う気を起こし、出陣前の士気を高めるのか、そこに武将の器量が問われた。

また、この長篠の合戦には、別の挿話もある。天正三年（一五七五）五月二十一日の戦においては、『三河物語』に家康の配下の話が残る。

家康の勢は、大久保七郎右衛門尉（忠世）と同次（治）右衛門尉（忠佐）という兄弟を派遣した。この兄弟は、金の揚羽の蝶の羽の指物と浅黄の石餅の指物で、敵味方の間に乱入してよく戦った。敵がかかってくれば引き、敵が退くとかかっていき、二人の采配で多くの人数をとって廻し、信長はこれを見て「家康の手前で、金の揚羽の蝶の羽と、浅黄の石餅の指物の二人は、敵かと見れば味方、又、味方かと見れば敵についている。本当は敵か味方なのか見て参れ」というので、家康のもとにいって聞くと「いや、敵ではありません。この兄弟は長く仕えているもので金の揚羽の蝶の羽の指物は大久保七郎右衛門尉と申て、兄でございます。浅黄の石餅は大久保次郎右衛門尉と申て弟です」と答えた。信長はこのことを聞いて「さても家康はよき者を仕えさせている。我は彼等ほどの者をば持たぬぞ。この者共は、よき膏薬にて有り。敵にべったりと付いて離れぬ」といった。

家康の家臣との美しい関係は、多くの逸話がある。家康は人質時代の自分の運命から、讒言などは聞かずに、残党をかくまったり、多くの命を援ける方向にあり、また家臣の世話もよく見ている。

後年のことであるが、太閤秀吉時代に（『東照宮御実記附録』巻七）秀吉が毛利家、宇喜多家など諸大名に対して宝較べの品々を揃えて「虚堂の墨蹟。粟田口の太刀」と挙げつらって、皆で自慢大会をしていたところ、家康はただ一人黙していたので、秀吉が「徳川殿には何の宝をお持ちか？」と尋ねると、家康は「自分は三河の片田舎に生まれ育ちで、めずらしい書画調度を蓄えたことは何もありませんが、しかしながら自分のために、水火の中に入りても、命を惜まないもの五百騎ばかりもいるでしょうか」といい「これをこそ家康が身において、第一の宝とは存ずるなり」といった。秀吉はいささか恥じ入る様子で「かかる宝はわれもほしきものなり」（このような宝は自分も欲しいものだ）といわれたという。こうした美談の真偽はわからないが、家康の人柄の一端なりとも示している。

さて長篠の合戦で武田軍は大敗したものの、この後も勝頼との対立は継続し、家康も大井川を越えて出兵することもあった。武田方の高天神城は堅固であり、天正九年（一五八一）に家康は高天神城を陥落させて、ようやく遠江全域を支配下に入れた。翌十年三月には信長の甲州攻略の一翼を担って、家康は駿河口から甲府に入り戦後に駿河を領国に加えた。『多聞院日記』、『信長公記』、『当代記』などに記事が散見するが、天下統一がまぢかになった天正十年（一五八二）五月に、信長は浜松城の家康と穴山梅雪（甲斐武田氏の家臣で勝頼を見限り家康に投降）を安土城惣見寺に招待して能と幸若舞とで接待をしている。十九日には幸若舞で、幸若八郎と九郎が『大職冠』などの舞をした。また翌日の能は、四座の猿楽では珍しくないために、信長の贔屓の役者である丹波猿楽の梅若大夫が『御裳濯』、『目暗沙汰』という能をしている。

しかし信長は梅若大夫の能が不出来であるとして激怒し「甚不快」になったという。梅若大夫を厳しく責め叱りつけ、次にこういう事態となったら「可㆑有㆓誅戮㆒」というのだから、やはり物騒なことこの上ない。能の不出来を罪として死刑に処するという。

周囲は慌てて幸若八郎・九郎を迎えにやり、幸若舞『和田酒盛』を上手に舞をこなしたため、信長は機嫌を直して褒美として金子百両を与え梅若にも同額を与えている。年代的にはこのころが織田信長の絶頂期であったともいえる。

そして同年六月、本能寺の変が起こった。明智光秀の謀反であり、三日天下といわれた。家康は梅雪と共に和泉の堺にいたが、宇治田原・信楽を経て、伊勢から船で岡崎に帰った。七月には混乱状態にあった甲斐・信濃に出兵し、八月に甲斐の新府に進んで若神子で北条氏と対陣したが、十月に和議を結ぶこととし、甲斐と信濃に対する支配権を得た。

この間に中央の政界では秀吉の勢力が伸び、織田信雄が秀吉と対立するに至ったので、家康は信雄を援助して、天正十二年（一五八四）に尾張に出兵して小牧山を本陣として、秀吉の大軍と対峙、ついに屈服しなかった（小牧・長久手の戦）。

講和の後、同十四年（一五八六）に秀吉は老母を人質として岡崎に送ることにより、家康を上洛させ、家康もやむなく大坂城で秀吉に臣従の礼をとり、正三位権中納言に叙任された。同年十二月に家康は、駿府を本拠として、これ以後は駿府・遠江・甲州・信濃・三河の五カ国にわたる領地の統治に努力しており、交通の整備や、商工業の振興、新田の開発などを進めている。同十七年（一五八九）から翌年にかけては、両国に検地を実施し、かつ年貢・夫役に関する七箇条の定書を下して、農政の統一をはかっている。この間、同十五年（一五八七）には従二位権大納言に昇進した。

北条氏との会見から八朔の日

北条氏討伐以前に、徳川家康は娘を嫁がせた縁により、小田原に出向き、北条氏直へと対面している。家康は祝いの宴の席で、『自然居士』の曲舞「黄帝の臣に貨狄《かてき》といへる士卒」と謡いはじめると、北条氏の臣下の松田、大道寺らが同音に「徳川殿は当家の臣下になりなさる」と囃したので、氏直も上機嫌になったという（『東照宮御実紀附録』巻五）。これは「黄帝の臣」の言葉の連想からの臣下と冷やかしたのである。

この『自然居士』は観阿弥作の能であり、家康が謡ったのは、後半の船の曲舞の箇所で、黄帝の時代に貨狄によって考案された舟の起源の故事を解き明かす場面である。内容は、黄帝の臣下に、貨狄という士卒がおり、ある時貨狄が庭上の池の面を見渡すと、季節は晩秋、柳の一葉が水に浮かんでいた。蜘蛛がその一葉の上に乗りつつ、風に吹かれて水際に近づき、岸へたどり着いた。それをみて貨狄は舟を作ったという挿話である。そして詞章は、

> 黄帝これに召されて、おう江を漕ぎ渡りて、蚩尤《しゆう》を易く滅ぼし、おん代を治め給ふこと、一萬八千歳とかや。
> しかればふねの舩の字を、公に舟《すす》むと書きたり、さてまた天子のおん舸を、竜舸と名づけ奉り、舟を一葉といふこと、この御宇より始まれり、また君の御座舟を龍頭《りようとう》鷁首《げきしゅ》と申すも、この御代より起これり

と、解き明かすのである。
これが祝いの言葉となる。このように能の詞章には故事成句の出典などが満載である。

「大日本歴史錦繪」龍頭鷁首の図

この場合の宴会の場での謡が、どの程度の長さなのかはわからない。酒宴の盛り上がり方や順番によって長短はあったと思うが、祝いの内容であり、龍頭鷁首の故事を引くための謡である。このときにも酒井忠次は余興として、得手舞のえびすくいで笑いをとっている。

また『当代記』巻二の記事によれば、天正十七年（一五八九）六月に大蔵道知入道が、わざわざ駿河にまで下っている。大蔵道知入道については、

是鼓打至二于当世一無双之上手也。

というが、この役者は実は織田信長が贔屓してよく召したあの大蔵二助虎家である。大鼓

源平矢嶋大合戦之図

の名人として名高く、法名を道智（道知）という。道知は大男であり頭に疵があり、八十三歳まで長生きをしたという。七月に家康が能をしたときに、道知が鼓を打っている。

> 奥平美作信昌が去亥夏より於㆓奈良㆒伝㆓此道㆒、井伊兵部少直政が同秋に習㆑此之間、今於㆓駿府㆒猶以相伝す。

という。ここに出てくる戦国武将で美作守にもなった奥平信昌は家康の家臣である。長篠の合戦や軍功により家康の長女亀姫を娶ったが、奈良で鼓を相伝されている。同じく徳川四天王として活躍した井伊直政が鼓を習っており、家康も同様に相伝を受けている。武家文化のなかに鼓が武家の教養としてある種の文化性をもって入ってくる。

　天正十八年（一五九〇）に北条氏が滅びると、秀吉は家康に対して、北条氏の旧領である伊豆・相模・武蔵・上野・上総・下総の六ヵ国への転封を命じており、家康はこれに従って江戸を本拠地と定めた。家康は、八月朔日付で正式に江戸城に入った。

この後八朔は関東入国を記念する日とされる。新しい領地は、近江などに散在する約十万石を合わせて、二百五十万石に達し、ここに豊臣政権最大の大名となった。

織田信雄と能

さて豊臣秀吉との政権争いを試みた一人に、織田信長の次男織田信雄《のぶかつ》（一五五八―一六三〇）がいる。信雄の母は生駒氏である。永禄元年（一五五八）尾張清洲城に生れ、幼名、茶筅という。無論、父信長の才能は引き継いでおり、永禄十一年（一五六八）に織田信孝が秀吉に対して挙兵すると、信孝を岐阜城に攻め、尾張野間に自刃せしめている。天正伊賀の乱では一時大敗するも天正九年（一五八一）に平定しており戦国武将としても活躍している。

天正十年（一五八二）の本能寺の変の後に、清洲会議があり兄に代わって織田家当主になろうとするが擁立の候補ではなく、秀吉の策略により兄信忠の遺児の三法師（秀信）が擁立される。その後、この講和は破棄され一時的に当主となるが、秀吉陣営が圧倒的力を持つようになるのである。

その後、信雄は秀吉との関係を一旦断つこととなる。天正十二年（一五八四）、小牧長久手では徳川家康と連合して秀吉と戦っている。戦国時代は合戦ごとに領地やつながりが変わり、利害関係や政治的な憶測が各々異なっていたため、「昨日の味方は今日の敵」ということが普通にあった時代でもある。三介と呼ばれた信雄の人柄も関係あろうが、秀吉との関係は敵となったり味方に転じたり、かなり複雑である。

十一月には秀吉と単独で講和を結び、再び秀吉方に服属している。そして翌年、秀吉の越中征伐に際してはその先鋒を勧めており、官位も従三位権中納言と昇進し、十五年には正二位内大臣に進んだ。

しかしながら、秀吉の政策上の問題で、再び両者の利害関係が合わなくなる。天正十八

織田信雄「肖像集」

年（一五九〇）、秀吉は家康を関東に移したあとで、信雄を家康の旧領に転封しようとした。しかし信雄は従来通り、尾張・伊勢の旧領にとどまることを望んでおり、秀吉の命令を拒否した。このため秀吉の逆鱗に触れてしまい、最終的には所領を奪われ、下野国烏山に配流されている。

秀吉と信雄（常真）の相性は基本的には良くない。政治的な利害だけではなく、お互いの人物性を好まなかったことにも起因する。信雄が秀吉を嫌うのは、父信長の家臣であり出自も低いという見下す意識もあり、諸事反抗的な態度であったと伝わる。

このとき信雄は出家して常真と号し、翌年には出羽秋田に移った。常真は趣味人としての才能があり、茶道を叔父の織田有楽斎に学んでおり、配流の後は茶も嗜んでいる。

その後、家康の斡旋によって常真は許されている。家康は、体型か風貌かその政治的手腕のためか、「狸爺」などと陰口を言われつつも、表向きは温厚篤実で信用できる人柄のためか、武将の間では評判が良かったと伝わる。秀吉が家康をほめ、「生き大黒」などと噂し、常真が家康に心を寄せるという具合で、たとえ反目するもの同士であっても双方から人徳が厚い人物として、周囲の信頼を多く得ていた。

文禄元年（一五九二）、秀吉の人生最大の謎とされる朝鮮出兵の役には、信雄は秀吉に召し出されて遠き九州の地、肥前名護屋に赴き、相伴衆に加えられている。対外政策の一つとして世界的に東アジア情勢が複雑化し、欧州社会の植民地政策と宣教師たちによる布教が始まる時代でもあった。

政治的に考えて、織田信長の遺児を大切に扱う態度は、武将の社交の場では十分な成果を挙げており、ここで得意の能を演じることになる。戦国時代はある種の劇場型の政治でもあった。周囲の武士に権力を誇示し、大衆を動かすためにわかりやすく演出する点で効果的である。

信雄は一方で文化人でもあった。兄信忠と同様に若い頃から能に親しんでおり、後年まで能の上手と伝わる。兄信忠は能を愛好しその舞姿が評判になったために、信長から厳しく叱責され道具一式を没収されたが、弟信雄は父信長には知られぬままに、能を稽古し続けた。これが武将信雄にとって凶だったのか吉だったのかはわからないが、能のお蔭で名を挙げた。織田家の血筋には、文化人としての才能があったのであろう。信雄は能への造詣が深く、能に対して、専門的に一家言持っており、その言葉が伝わっている。

信長の能役者保護の仕事も引き継いでいる。観世新九郎文庫には、天正十一年（一五八三）九月十日付、観世宗拶宛の信雄折紙一通が残っている。「北伊勢三重郡／以智積之内百疋／令扶助訖　全／可知行状如件／天正十一年九月十日　信雄（花押）　宗拶」とある。これは父信長の宗拶に対する保護を継ぐ書状である。

秀吉の能の催しでは信雄（常真）は能の名手として必ず登場し、禁中能にも出仕している。常真の舞姿については、『武辺雑談』にも記事があるが、周囲の評判となるほどの腕前だったらしい。

『時慶記』文禄二年（一五九三）十一月七日において、関白殿能に出仕している様子は以下の通りである。


脇能高砂大夫成心（織田常真）、清経殿下（豊臣秀次）、井筒同、葵上同、定家成心、

女郎花少進（下間仲康）、三輪玄以侍従（前田秀以）、海人殿下、老松切春日（道郁）、
以上九番也、申刻果

常真は、脇能『高砂』・『定家』を舞っている。関白秀次は『清経』・『井筒』・『葵上』・『海人』を舞っており、番組は九番であった。秀吉の能への熱中が、時代の趨勢に乗ったものと予測され、太閤秀吉と関白秀次は一時期こぞって能を催し、そのときの武将の出演者の一人として常真は大いに活躍した。

『東照宮御実記附録』巻七においては、

聚楽の亭にて申楽興行ありしに。あるじの関白をはじめ織田常真。有楽などもみなつきぐ〱かなで。殊に常真は龍田の舞に妙を得て見るもの感に堪たり。

とある。ここでは関白秀次だけではなく織田有楽斎なども参加しているが、特に常真の

『龍田』の舞が感動を呼んでいる。

『龍田』とは、金春禅竹作と言われる四番目物の能で、紅葉の盛りの時期に社殿からシテ龍田姫が現れ、龍田の紅葉を愛でて、夜神楽を奏するという作品である。この舞姿が、玄人はだしで感動を呼ぶものであったのだろう。このとき家康も同じく『船弁慶』の義経の役をしているが、家康は体型的に太っており、とても小柄で美男な義経には見えないということで皆が冷やかし半分に喜んだという。

後に秀吉がこの話を聞いて逆に反発して「常真がごとく家国をうしなひ。能ばかりよくしても何の益かあらん。うつけものといふべし（常真のように家や国を失って、能ばかり上手にしても何の利益があろう。うつけものと呼ぶべきである）」という辛辣な悪口を言っており、秀吉の武将としての政治と文化政策の意味が窺われる。権力をどのように動かすか、秀吉にとって文化は戦略であり、政治を彩るものでしかない。

禁中能前後では、秀吉・秀次関係の催しや文禄五年（一五九六）、自邸での演能が知られる。

関ヶ原以後の時代に、常真は京都の能楽界に重きをなしたようで、京都の素人役者の編著になる岡家本『観世流仕舞付』においては、能の演出の仕方について、常真の言葉が重要な意味を持つある種の権威として書き留められている。

また常真のレパートリーは、それだけにとどまらない。『通盛』・『清経』・『江口』・『野宮』・『芭蕉』・『楊貴妃』・『二人静』・『三井寺』・『楼太鼓』・『三輪』・『卒都婆小町』・『船弁慶』・『紅葉狩』など、常真の演技について記されており、能に精通していたことがわかる。この時代の文化は、政治的な催事に利用されつつ存在するが、安定した世相に入ると文化が政治的安定を保証

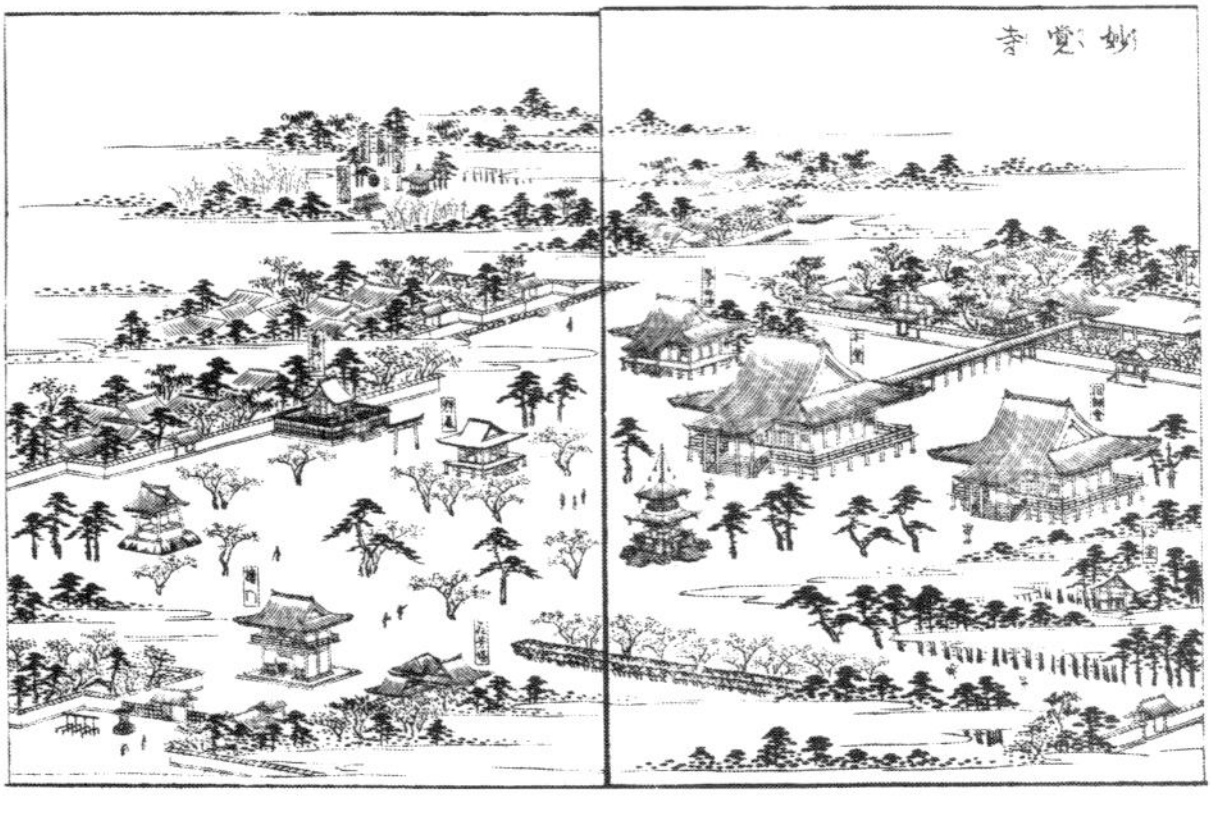

妙覚寺「都名所図会」
妙覚寺大門は聚楽第の裏門を移建したものと寺伝に伝わる

するものとして自立的に権威化体系化されていく様相が見える。

戦国時代の能がどの程度のレベルであるかは、杳としてわからない。武将が合戦の合間にする単なる遊び程度のものであったのか、或いは武家らしく重心をしっかり定め、力強くきびきびと舞う迫真の演技であったのか。日本人の肉体や骨格などは現在と異なり、丹田が形成されていたため、型を通して基本的な動作が正確に行われ、瞬間的に透かし見ることのできる力のある美がそこにあったのかもしれない。

武将の舞と、座付の能役者の玄人の舞は、おそらく相当な差があったと思しい。しかしながら、戦国時代において武家的な動きにより素人受けする舞いというものも一方では考えられる。この時代においては、自身で行うパフォーマンスそのものに価値を見出し、上手・下手は関係なく、祝祭的空間を創り上げる事、場を盛り上げる事など、能を「舞う」ということ自体に眼目があったのかもしれない。素人能なども広く大衆に受け入れられる時代でもあった。能の専門性、各流派による伝承、並びにその技芸の水準の高さが求められるのは、江戸時代の幕府の政策としてもあり、江戸以後のことである。

後の『戴恩記』には「誰も見しりやすげなる能舞さへ、上手下手をえしらず、装束きれゐにあればほめ、舞の出来不出来は少もえとがめぬ物と古き人は云へり」という。つまり誰もが知っている能舞でさえも、上手下手は問わず装束さえ美しくあれば、舞の出来不出来は、さほどとがめないと昔の人はいうような趣味に対して大様な時代もあった。

またその嫡男秀雄には越前大野で五万石が与えられ、信雄は名護屋から引き揚げたあと大坂天満の邸に寓居した。慶長五年（一六〇〇）に、石田三成が家康討伐の動きにでたときには、信雄は京畿の動静を下野国小山にいる家康のもとに通報しているし、同十九年（一六一四）の大坂冬の陣に際しては豊臣秀頼から招かれたが応ぜず、家康に通じて大坂を退去して京都に赴いた。

後年、信雄（常真）は大坂の陣が終結すると元和元年（一六一五）七月家康から大和国宇陀郡で三万石、上野国甘楽・多胡・碓氷の三郡の内で二万石、合わせて五万石を与えられた。また晩年には風雅な庭園を領地に作り、趣味の茶道や鷹狩などを楽しんだという。寛永七年（一六三〇）四月三十日享年七十三歳で京都で没した。

第三章　秀吉と能

金春流宗家安照という師匠

ここで歴代の武将たちに愛された金春流宗家・金春安照《こんぱるやすてる》（一五四九―一六二一）という能の名人について触れておこう。安照は金春 岌蓮《ぎゅうれん》の次男であり第六十二世の金春大夫（禅竹から数えて六代目）である。

金春大夫は天正十三年（一五八五）頃から豊臣秀長を通じて時めき、さらに豊臣秀吉からの絶大な庇護を受けることになる。金春座はこのとき四座筆頭の格付となって繁栄した。さらに徳川家康時代においても優遇されている。

安照は能役者としてもさることながら、大変謙虚な人柄であり人格的に優れていたと伝わる。伝統的な金春座の古風な芸風を守りつつ、能の技術、演者の在り方について、教えが穏当であった。

『四座役者目録』によれば、容姿は「セイヒクシ、悪キ男也」とあり、背が低く見た目の悪い男と伝わる。

しかし能役者は正式には面や装束を付けて舞うものなので、実際の美醜は基本的に特に問題視されない。また直面《ひためん》（面を付けずに演じる）であっても、容貌以上に役者としての気迫や能の表現が重視され、仕舞などでは型や演技力などのほうが、容貌以上により大切であることは言うまでもない。美醜と実力とは、それぞれの役者の持ち味となろうが、安照の演能技術は高いものであるとされ、派手で目立つ演出を排除している。また能役者として仕える態度も始終穏やかで行き届いており、気配りや心がけなども他の役者とは違っていた。能に関わる具体的な教えは、一連の金春安照伝書類からも明らかである。

熊本の中村家には『金春安照装束付　百十番本』・『金春安照装束付　百二十二番本』・『金春安照仕舞付』・『金春安照秘伝書』・『金春安照能伝書（甲本）・（乙本）・（丙本）』等がある。中村家とは、熊本の細川家に属し、士分格として仕えた能の家であり、金春家の秘伝の伝授や免状発行などの機能を果たしていた。これらの伝書類は中村勝三郎（一五七二頃―一六四四）宛てで慶長十一年（一六〇六）から十五年にかけての奥書がある。安照は秀吉の斡旋によりこの勝三郎を弟子入りさせて家の大事をも相伝するように命じられた。勝三郎は稽古に邁進し、安照と勝三郎は親しい間柄となっていったという。

これらの伝書はシテとツレとの面・装束を記した装束付や脇能・修羅能・女能の型付、仕舞い付、また謡曲に関する習事、故実類を中心に謡や囃子などにも言及する内容であり『翁』や『道成寺』、『関寺小町』などの型付をはじめ、松風・乱・懺法・音取・白囃子・一丁鼓などの習い事秘伝の条々を網羅する。さらに小道具の使い方や、酒宴や座敷での心得、楽屋での心得なども含めて、広汎で詳細な内容である。

安照は『古之御能組』によれば、その晩年にあたる七十歳、元和五年（一六一九）まで能を演じていた。当時の番組記録類に残る安照所演の能は四百五十三番にものぼるという。無論記録類に残る以外にも演じていたことは容易に予測できる。

実は安照は秀吉の能の手ほどきをした暮松新九郎の師匠にあたり、秀吉が重用したのは、暮松を通してである。

『太閤記』の記事によれば、大坂西之丸でも能は安照が中心となって開催されている。このときは、『翁』が贔屓の暮松、そして『呉服』・『定家』・『皇帝』・『野守』・『羽衣』・『鵺』・『源氏供養』・『山姥』をすべて安照が行っている。秀吉は『田村』のシテを勤めている。大鼓は、樋口石見や紫の調緒を許された名人大蔵平蔵が打っている。

秀吉の能　文化の再創造

豊臣秀吉が能に傾倒したのは、所謂大徳寺三門の事件の後、つまり千利休の切腹後に出来た空白の時間を埋めるが如く、秀吉晩年の時期に当たる。能が流行していたことや、芸能は茶室のような政治的な密談の場とはなりにくく、自ら演じられることから秀吉にとってはある種の自己顕示ができ、能へとその情熱を注いだ。

真偽のほどは明らかではないが、権力者ゆえか秀吉の能の稽古は異例な速度で進み、上達がめざましかったと伝わる。秀吉は天才少年さながらに、みるみるうちに舞台に立てる腕前になり、扇もうまく使いこなして仕舞も舞うようになった。その技術は世間に披露できる域に達したため、暮松は、秀吉に能を教えた褒美として数多の金銀御服などを拝領したという。

この間の秀吉の能の稽古については、「北政所宛豊臣秀吉自筆書状」が残る。これは文禄二年（一五九三）三月五日付で、最愛の妻、大坂北政所（お禰）に宛てた書状であり、秀吉が能十番を覚えたという内容を嬉々として伝えている。曲目は『松風』・『老松』（世阿弥作）・『三輪』（夜神楽物）・『芭蕉』（精天仙物）・『呉服』（女神物）・『定家』（本鬘物）・『融』・『杜若』（精天仙物）・『田村』・□（判読不明、『江口』か）である。これらは現代でもよく公演される能の代表的な十曲であり、『老松』は天神信仰に基づく老松と紅梅殿の物語で、始皇帝の故事などもひく祝言能であり、また『融』は優美な貴公子源融の物語である。清水観音の田村麻呂伝承をひく『田村』以外は、すべて主人公は女性（女神・精霊）で女出立であり、夢幻能形式であり、優美で典雅な作風であり、世阿弥や金春禅竹が作り上げた能として代表的なものばかりである。

実際に能を一曲覚えることは、詞章と舞と型による動きがあるために、なかなか困難なことである。特に秀吉が覚えた代表的な能の詞章は、もともと文学性が高く和漢の故事や古典などの物語、仏教用語等が縦横に入り込みとても難解な文章である。

一例を挙げてみよう。『老松』サシでは、

まづ社壇の体を拝み奉れば、北に峨々たる青山あり、朧月松閣の中に映じ、南に寂々たる荊門あり、斜日竹竿のもとに透けり、左に火焔の輪塔あり、翠帳紅閨の装ひ昔を忘れず、右に古寺の旧跡あり、晨鐘夕梵《じんじょうせきぼん》の響き絶ふることなし。

とある。これは社の周囲の有様の情景描写である。

同じく『老松』クセの箇所においては、

諸木の中に松梅は、ことに天神の、ご慈愛にて、紅梅殿も老松も、みな末社と現じ給へり。さればこの二つの木は、わが朝よりもなほ、漢家に徳を現はし、唐の帝のおん時は、国に文学盛んなれば、花の色を増し、匂ひ常より勝りたり、文学廃れば匂ひもなく、その色も深からず、さてこそ文を好む、木なりけりとて梅をば、好文木とは付けられたれ

いろいろな樹木の中でも老松と紅梅とは、特に天神様であられる菅原道真公が慈しみ愛した樹木で、紅梅殿も老松も、いまでは天神様の末社として祀られております。つまりこの二つの木は、日本でもさることながらそれ以上に中国で徳を現しており、唐の帝の時には、国内で文学が盛んになると、花の色はより輝き匂いもいっそう増しており、また文学が廃れると色が薄くなるので、それで文学を好む木として、梅の木を好文木と名付けたのだ。

とあり、菅原道真と縁の深い紅梅（飛び梅伝説）の由来を語るが、それは唐の時代に「好文木」といわれた故事があり、文学を好む樹木であるという。無論、これは詞章のほんの

一部であるが、戦国武将にとっては格好の教養となっている。

能を覚えるということは、この詞章を謡う――つまり音の高低・旋律などを示す謡の節をつけつつ、詞と曲とを延々と覚えていくのである。さらに演じるに際しては、そこに身体動作、運び、型、舞が入る。演能の身体を支えるためには、がっしりとした足・腰・膝の力が必要である。しかも自在に美しく緩みながら、力が先端まで入っている状態である。演能するからには、秀吉はそうした身体的な能力のもとで、わずかな期間でそれを覚えたと思われる。

名護屋城本丸での能と四座保護

文禄二年（一五九三）四月九日には名護屋城本丸で御能が行われた記録が残っている。金春大夫安照が主たるシテである。『翁』・『高砂』・『田村』・『松風』・『邯鄲』（シテ暮松新九郎）・『道成寺』・『弓八幡』・『三輪』・『金札』の番組である。

武将の間で、能が流行していた様子は、例えば朝鮮出兵の際に、伊達政宗（一五六七―

一六三六）なども、文禄二年（一五九三）五月二日に、朝鮮梁山の陣中で『西行桜』・『頼政』など二十四曲の謡曲の詞章を書写している記録からもわかる。

諸大名の相互の交際において宴を催し、謡、乱舞、囃子などをするのはこの当時武家社会での慣例的な行事でもあった。政宗自身も好んで太鼓を打ったという。また文化的水準が高いとされた伊達家伝来本は数多いが、その中に光悦謡本もある。政宗が自ら書写した謡本『三輪』なども残っている。

さらに豊臣秀吉は、能の四座を公的に保護している。文禄二年（一五九三）には、名護屋城本丸で四座の演能を多く行っている。この催しに対して、秀吉朱印状「観世座支配之事」慶長二年（一五九七）十二月朔日条では四座の猿楽に対する配当米の制度を定めており、そして同年に

「頼政」（撮影：前島吉裕）銕仙会

は観世座・宝生座・金剛座の三座に朱印状を交付している。

内容は、各座の配当米を諸大名に割り振ったものであるが、観世座は九百九十五石のうち、江戸内府（徳川家康）分は六百石と多い。これは家康が観世大夫を後援していたためであり、この配当米の制度は江戸幕府にも引き継がれる。

秀吉が贔屓にしていた金春座は、秀吉直接の扶持となっている。朱印状は、観世座（観世宗家蔵）、金剛座（三井文庫蔵）には現存し、宝生座は関東大震災時に焼失したという。

これも能楽の世界においては革新的な出来事といえるが、秀吉は全国各地の座に所属する猿楽の役者を四座に編成しなおしている。四座に、公的な補助を与えた際に、織田信長の贔屓であった梅若大夫は、観世家に編入されており、以後幕末までは観世家ツレ大夫としての位置であった。

禁中能

文禄二年（一五九三）秀頼が誕生し、八月に大坂に戻った豊臣秀吉は、禁中能を目論んでいた。それは秀吉の能愛好が嵩じたためであり、太閤としての自己顕示欲が明るく湧き上がったためでもあろう。これは名護屋城から戻り、太閤である自分をはじめ、有力な武将たち、並びに金春大夫安照などの専業の役者も出演するという宮中にての大規模な催しであった。

秀吉は禁中能を文禄二年（一五九三）・文禄三年・慶長元年（一五九六）と三度催している。従来、禁中能は素人筋の手猿楽、堀池・渋谷・虎屋という役者が勤めており、四座の専業の猿楽者は参上しないという慣例であった。しかし秀吉は、自身を中心にした俄か素人武将猿楽座軍団ならびに金春座の大夫という専業の猿楽者を配置し、先例を破り禁中で開催することとしたのである。もとより秀吉は公家社会の先例を知らぬだけであったのかもしれぬが、万事自分の考えを中心として、権威にも屈せず、旧例は破られることが多かった。

能そのものは一番舞うにしても相当の稽古と日数とが必要となる。秀吉は一月から始めたばかりの能を十月に、しかも禁中の天皇の御前でお披露目する。素人武将の能といっても、今川の人質時代から能を習っていた徳川家康などとは、経歴が異なることから、秀吉の計画はきわめて大胆かつ無邪気すぎる発想といえる。建前上、秀吉は政治的手法によって後陽成天皇の義父という立場にある。禁中において天皇の義理の父親が行うこの催しが、招かれる客人にとって、迷惑千万なものであったかどうかは定かではない。

秀吉はこの禁中能をぜひとも成功させたかった。そのために開催前月からは、大坂城西の丸、前田利家邸、浅野邸でリハーサルまで行っている。

禁中能は十月五日・七日・十一日と三日間行われている。これは公的な行事であるから、天皇家とかかわる高位の公家は、基本的に参勤しなければならない。『時慶記』文禄二年十月五日条においては、「禁中御能外様内々不残参勤、摂家・清華・親王・門跡御参」とある。

近衛・二条・九条・鷹司などの摂家、西園寺・菊亭・大炊御門などの清華家、聖護院・青蓮院などの門跡が居並び、席順からすわる座敷の広さまで決められている。このときの舞台は、『文禄二年禁中能番組』に簡単な舞台図が残る。

一日目は、『翁』が暮松新九郎、秀吉は太閤の舞姿を天皇以下の公家たちに披露したいとばかりに『弓八幡』・『芭蕉』・『皇帝』・『三輪』と四番も舞っている。『弓八幡』のツレは安照であり、一流の役者をツレとしている。『皇帝』のツレは織田秀信。織田信長の嫡男信忠の子で十四歳、清洲会議で信長の後継者とされている。能は芸能であるから視覚と聴覚面での美しさ、つまり舞と謡とが人を惹きつける要素であって、秀吉の謡には暮松が「添え声」で謡を助けている。また『芭蕉』の小鼓は毛利輝元が打っている。輝元は広島城主であり、五大老の一人でもある。そして『三輪』の太鼓は、玄人以上の腕前といわれた細川幽斎である。細川家は現代にまで続く名門の家であり、このときは丹後の領主である。秀吉のシテがどの程度の力量であったか、定かではない。社交辞令かどうか近衛信尹は「抑太閤御能神変奇特也」と評価している。

初日に、加賀金沢城主の前田利家は『源氏供養』をつとめており、小鼓を徳川秀忠が打っている。利家は、能を演じるのが得意であり、禁中能の前にも秀吉の催しに出演し、『西行桜』・『松風』・『山姥』などを演じている。徳川家康は『野宮』をつとめており、ワキは秀吉麾下の武将で、ワキを得意とする浅野長政であった。『山姥』のシテは織田常真（信雄）であり、信尹が「常真、御能無比類。扇あつかひ殊勝〳〵」とほめている。

秀吉は、当然こうした催しを心から楽しんでいた。

ゆったりと、中一日やすみ、禁中能二日目は、文禄二年（一五九三）十月七日である。秀吉はこの日は三番、『老松』・『定家』・『大会』のシテを勤めている。

『大会』は、天狗が命を助けられたお礼に比叡山の僧の願いにより、天狗が天竺の釈迦の説法を幻術で再現した。僧がうっかりこの幻術を敬恭礼拝してしまったために、帝釈天の怒りによって、天狗は追い散らされるという内容である。後場は動きのある作品である。秀吉が最初に覚えた十番の能とは趣向が異なり、スペクタクルな作品といえる。

他に『鵜飼』は蒲生氏郷、『遊行柳』は細川忠興、『楊貴妃』は宇喜多秀家、『東岸居士』は小早川秀秋が演じている。また「忝　御狂言一番アリ」とあり、この日は狂言『耳引』を、秀吉・家康と利家とが共演している。

また、「今日ハ某モ太閤御能誉申人数也、太閤御気色アリ」と『時慶記』にあるように、太閤のほめ役が数人おり、西洞院時慶もその一人であった。ほめ役は、室町将軍家の公式行事の松囃子や能が演じられるときに、数名が伺候していた。

三日目にあたる文禄二年（一五九三）十月十一日の禁中能において、女房達にも能を見せたという。これも太閤秀吉さま、つまり自分が中心であり、『呉服』・『田村』・『松風』を続けて太閤が演じ、『雲林院』は家康、『江口』は利家、『紅葉狩』は常真、『杜若』は太閤、『通小町』は秀信、『金札』も太閤が演じている。

『老人雑話』上（老人は江村専斎也。一五六五—一六六四）においても、女房達に能を見せるために、

在時太閤馬に騎て、烏丸通を参内有りし時、新在家の下女四五人、赤前垂を掛て出で見物せり、太閤馬上より見て云く、只今我内裏にて能をすへし、皆々見物にことよ

と、自ら見物に来よと声を掛けているし、また秀吉は、

太閤禁中にて能ある時、猿楽に被物下さるれハ、同様に出て拝領し、肩にかけて入給ふとそ

と下賜された褒美の品を他の猿楽専門の大夫と同じように、無邪気に拝領して肩にかけたという。世阿弥のいう衆人愛敬であり、場を盛り上げることに長けていた。

天下人秀吉の晩年は、自由であった。真偽のほどは明らかではないが、『老人雑話』上においては、

太閤禁中にをいて、能をなされし時、呉松は立合に能をせり、呉松能をする時ハ、太閤長柄の刀を帯し、虎の皮の大巾着を下けて、橋かゝりの中程に立なから見物す、能はてけるにも其儘立玉ふにより、太夫装束を着なから、腰をかゝめて通りけるとそ。

という。これがどの年代の禁中能なのかは定かではなく、公的行事か否かもわからないが、秀吉が長柄の刀、虎の皮の大巾着を下げて橋掛かりの中くらいに立って見物していたという。想像すると秀吉は、天衣無縫自由気ままな姿である。能が終わってもそのまま立ちつくしていたので、暮松は、装束をつけたまま腰をかがめて通ったという。

このころの秀吉は自分がどのような曲を選んで稽古すればよいか、暮松新九郎と金春大夫安照に命じて演

「観能図」(部分・神戸市立博物館蔵)
Photo:Kobe City Museum / DNPartcom
秀吉が、後陽成天皇を聚楽第に招いた際の観能風景といわれる。

じさせ、面白い曲目を探している。

　また四座の大夫や、下間少進、立巴、春日大夫などに命じて、頻繁に演能をさせ、よく能を見ている。まさに能三昧の日々がつづくのである。

太閤能という洒落 ―― 吉野詣で

　文禄三年（一五九四）二月二十五日のことである。太閤豊臣秀吉は一行を率いて吉野の蔵王権現に参詣して、花の吉野山に遊んでいる。吉野山は王朝時代において貴族社会の伝統的な別荘地であり、独特の文化的な雰囲気を誇っている。一行は吉野の花見のために、大坂から出発するが、秀吉は例のごとく作り髭に眉をかいており、供奉の人々も美麗を尽して若やいだ姿で出発し、その大名行列の贅を尽くした様子に見物人も集まってくる。二十七日に吉野蔵王権現に到着しており吉水院で歌会が催されている。

　この時も、参加した武将は当時の一流といえる面々がそろい、関白豊臣秀次、右大臣今出川晴季、徳川家康、前田利家、伊達政宗、細川幽斎、宇喜多秀家、織田信雄（常真）らが従っており、一行は風流韻事さながらに和歌を詠んで短冊にしている。

吉野山参詣に合わせて、自分のために創作させた太閤能『吉野詣』は、祝言能である。「影あきらけき日の本の、国民ゆたかなりけり」と始まり、賑々しく一行が登場し、秀吉の御供として吉野までの道行を果たす。そして化身である所の老人が、吉野山の謂れを語り、続いて天女が現れ、五節の舞姫の起源にしたがい、天女の舞を舞って、花の吉野の美しさを讃え、また蔵王権現が神々しく出現して、千本の桜の中の色よき一枝を秀吉に捧げるというものである。当然のことながら、秀吉の治世を賛美することがテーマであるが、平凡ではあるが吉野の由来などもわかる優雅な作品としてまとまっている。

さらに同年（一五九四）三月一日のことである。秀吉は、大胆にも秘曲『関寺小町』を蔵王堂宝前で演じている。『関寺小町』の内容は、七月七日の七夕祭りに、和歌の稽古に集まった寺の稚児たちを連れて老女を訪ねる。実は老女は往年の美女小野小町であり古歌の由来を説き、舞を舞うというものである。

これは、能の最高の秘曲と言われる位の高い老女物の五曲（『関寺小町』・『檜垣』・『姨捨』・

『鸚鵡小町』・『卒都婆小町』）に入り、しかも最高の位に置かれている。現在でも若干の例外はあるものの、能役者にとっては老女物を舞うことは偉業とされ、一生の間に一度か、二度、しかもある年齢、位に達しないと演じることはできない。怖れを知らぬという言葉がふさわしいが、むろん政治的な権威を誇示するための作戦である。

この『関寺小町』は金春流では戦国時代に一時期相伝が絶えていたという。関白秀次が『関寺小町』を下間少進に所望したが師家に伝わらなかったため、いったんは諦めた。しかしたっての願いで、囃子方と談合して下間少進が復曲したという経緯がある。『関寺小町』は、秀吉の年齢で演じることには問題はないが、芸の稽古歴からしても、かなりの無理があったことはいうまでもない。こうした伝統を破り周囲の耳目を驚かすところに、秀吉一流の美学があったかもしれない。

高野山詣で ―― 女人禁制を破る

豊臣秀吉は、文禄三年（一五九四）三月三日には、母親大政所の三回忌（文禄元年七月没）

に高野山参詣をしており、母親の菩提を弔う青巌寺にて一山八千人の僧侶を召し、追善供養をしている。秀吉は、母親、正妻、側室ともども女性たちに対する愛情がこまやかであり、親孝行でもあった。

このときも、「新謡五番」を高野山の衆徒に披露するためにわざわざ持参している。自身を主人公とした所謂太閤能である。内容は『明智討』・『柴田』・『北条』・『吉野詣』・『高野詣』の五番である。前三者はその題名から推測される通り、まさに秀吉政権樹立とかかわる重要な合戦をテーマにしたものであり、『明智討』は明智光秀成敗（山崎の戦い）、『柴田』は織田家最古参の重臣柴田勝家との戦い（賤ヶ岳の戦い）、『北条』は後北条氏との戦い（小田原征伐）であり、秀吉自身の人生絶頂の三合戦を三作の能にしたものである。作品の出来はさておき、秀吉らしい無邪気な自己顕示である。高野山金剛峰寺に献上した太閤能『高野詣』は、題簽が後陽成天皇（第百七代天皇）の宸筆であり、本文は聖護院門跡道澄の筆で、その奥書には文禄三年三月五日付で「高野参詣の能は、新作十番の内、その一なり。太閤大相国治世の間、忠孝・武勇・幽玄・奇瑞等、その傑出の事をもつて十番となす」（尊経閣）とある。しかしながら現存するのは五番であり、節付は「金春大夫」、そして「由己法印」が内容を作り、金春大夫が演じている。この後陽成天皇には、秀吉の朝鮮出兵を諫止した消息文（重文・京都国立博物館蔵）が残る。

秀吉は太閤能『高野詣』を持参しつつ高野山に参詣し、三月五日に画策通りに、青巌門前で能を披露するという劇場型のパフォーマンスを行った。つまり、能に書かれた内容通りに、自らが高野参詣をしており、それを周囲に見せているわけである。

この日は一天に雲もなく、風もなく穏やかな日であった。めずらしさに多くの人々が集まりひしめいていたが、笛の音取りが響き、一同が静まり返った。能『高野詣』が、はじまる。しかし演能の袖の振り具合などが仰々しかったため、一同の気持ちが引いていると、空のけしきが変わり、北西から黒雲が一叢出てきて、

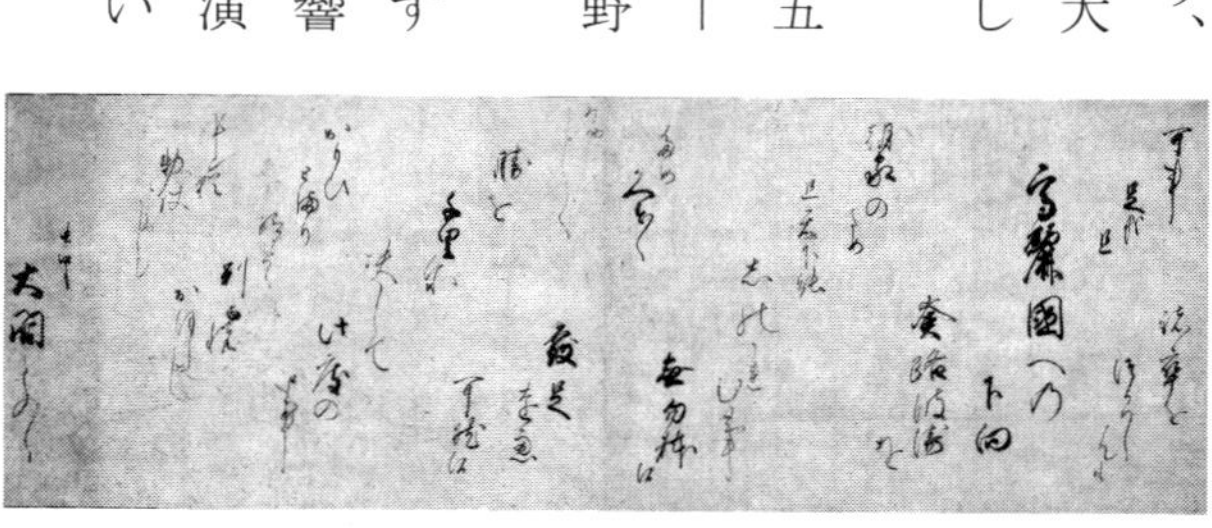

「後陽成天皇宸翰女房奉書」（京都国立博物館蔵）

みるみる間に暴風が吹き荒れ、突然の閃光で天地が振動し雷電が鳴り響き、豪雨となったのである。高野山は昔からこうした芸能などは一切しないという決まり事があり、笛・太鼓・鼓類は弘法大師の禁制があった。秀吉一行はこの霊験に驚き、急いで下山したというのである。

太閤能『高野詣』は、秀吉の御伽衆として仕えた大村由己によって作られた。秀吉の家臣がワキとして登場し、朝鮮出兵の間に大政所が亡くなり、三回忌に高野山にて菩提を弔うという事実関係をそのまま描写する。

内容は母親の追善供養のための登山で、女人禁制の高野山に、わざわざ老尼（前シテ）が現れ、高野山縁起に基づく由来を語る。そして秀吉の青巌寺創建までの経緯が語られる。親孝行でもある秀吉のために、老尼は大政所の亡霊との対面をほのめかし消える。後場では、高野山の衆徒が呼ばれて、大政所の菩提を弔うが、そこへ驚くべきことに菩薩姿となった大政所（後シテ）が登場する。そして、菩薩になれたのも秀吉の孝行のお蔭であると、感謝をして舞を舞う。

「君が齢は万歳の、守護を加ふる志、ただ孝行の道による、ただ孝行の道による、行く末こそは久しけれ」と、このように大政所に対する孝行は、そのまま豊臣家への賛美につながる。

この高野山参詣自体、秀吉の孝子譚を宣伝する催し物として位置づけられる。高野山においては弘法大師の御禁制があるにもかかわらず、太閤能を催し、また厳しい女人禁制をものともせず、思うがままに供養をする在り方には、織田信長とは違う形での秀吉の権力に屈しない手法が見え隠れする。秀吉は、準備した太閤能の作品さながらに、現実でも吉野詣で、高野詣でを果たしてさぞ愉快であったことであろう。

殺生関白秀次の死

文禄二年（一五九三）四月から、関白豊臣秀次の聚楽第において能の催しが多くなる。それは豊臣秀吉の能に対する熱中と呼応するかのようである。

例えば、『時慶記』の秀次聚楽能の記事では、文禄二年四月二十六日では能を十三番催しているが、そのうち殿下（秀次）も六番演じている。また、『関寺小町』以外にも、下間少進にならい『朝長』・『定家』・『芭蕉』・『卒都婆小町』・『当麻』などの難曲も演じている。

文禄二年（一五九三）はまた、八月に秀吉に実子秀頼が誕生した年でもある。もともと家族愛の強い秀吉は、当然のように我が子秀頼を溺愛した。跡継ぎはより血縁の濃い子孫へと考える政治的な野心の結果、甥である秀次は、次第に邪魔者へと変貌していく。秀吉の実子への政権交代を意図すれば、秀次との関係は悪化せざるをえない。次第に秀次を疎んじていったのであろう。

また、同時に関白職にふさわしいとはいえない秀次の素行上の問題と相まって、讒言なども耳にはいり、両者の関係を深刻化させた。最終的に秀次誅殺の大義名分は整ってくるのである。

秀次の素行の悪さについて噂は多く残る。『上杉家御年譜』巻十八の、文禄四年春三月の記事には「驕侈淫乱ニシテ暴虐ヲ事トス」とある。また「常ニ城上ニ登リ鳥銃ヲ放チ行人ヲ殺シ戯楽トス　故ニ罪ナフシテ横死スル者数ヲ知ラズ」と伝わる。すなわち無差別に通行人に向けて歩兵銃を乱射して殺人を犯すことを快楽として、罪もない人たちが横死した経緯が伝わる。

また「正親町上皇崩御ノ時」に、正親町上皇（第百六代天皇）崩御に関わり喪に服す初七日の前に、秀次は北山西山に遊び、狩猟をするなどしていた。そこで「世人甚此ヲ悪ンテ殺生関白ト号ス」という不名誉な綽名がついたのである。

また、秀次は当時女人禁制であった比叡山に多くの女性を連れて、昼夜酒色に溺れ、山中に狩をするなど悪行の限りを尽くしたと伝わる。この時、秀次の殺生の方法は残虐であり、例えば北山では通りがかりの盲人を愚弄しながら切り刻んだり、飯中の小さな砂をとがめて料理人を惨殺するなどの話が残る。戦国武将とは殺生戒を破る傾向があったのかもしれないが、関白という地位とは相当印象が異なる。『太閤記』巻十七にも秀次について刀の試し切り殺害、辻斬りなどを行った残虐極まりない話が記録されている。

『駒井日記』の記録によれば、文禄四年（一五九五）四月十日の時点では、太閤秀吉と関白秀次は、お互いの邸宅を行き来しながら、親しく武将能をしている。初日九番は聚楽第、二日目十番は伏見城において御能をしている。織田信雄（常真）、徳川家康、前田利家と演者はいつもながら能の得意な面々であり、無論太閤秀吉が二日合わせて九番も演じており、秘曲『関寺小町』まで披露している。このとき関白秀次は四番舞っている。ここでは特に両者の間に特に変わった様子は記録されてない。

しかし同四年（一五九五）七月、秀次は謀反を企てたという理由で関白・左大臣の職を解かれることになる。謀反の事実があったかどうかは、明確ではない。風評の多い時代でもあった。

『当代記』巻三、文禄四年（一五九五）の記事には、

関白秀次太閤江頃日御謀反企露之由あつて、七月八日関白秀次聚楽退出、即出家於高野山、同十五日腹を切御、秀次若君二人、一二歳の孤児　幷近習女房卅餘輩、渡洛中切捨らる、誠は秀次逆心之儀虚言と云へ共、行跡不穏便由、

とある。

結局、秀次は、わずかの従者とともに高野山に追いやられ、十五日に切腹させられた。享年二十八歳であった。秀次の頸は箱に入れられ、伏見の秀吉のもとに一旦運ばれる。秀吉は嗚咽して、答えることができなかったという（『上杉家御年譜』巻十八）。

また、八月二日子女・妻妾ら三十余人も、雑車に乗せられて大路を引き廻された上で獄門となった。兵士が白刃を輝かし、弓矢を張って厳しい警護する中、二十間（四十メートル四方）の深坑を構え、四辺に垣を結いめぐらし、橋の南に段を築いて、秀次の頸を西面に据えおいて、まだ嫁いで年月の浅い年若い妻妾までもが次々と辞世の和歌を詠み、京都三条河原で処刑された。多数の近臣も同じように切腹せしめることになった。

秀吉はこの後に、病気にかかったという。結果的には血縁者の殺害により、幼い秀頼だけが残り、豊臣政権の弱体化、崩壊を早めることになった。

秀次の性格が残忍であるといった風評や、仏教的なものに対する反抗、旧来の権威に対する態度は宣教師の記録にも見出せるが、戦国武将という生き方には粗野粗暴な行動は多かったといえる。関白であるゆえに、ことさら残虐さが強調された側面がある。

京都市中京区の瑞泉寺（浄土宗西山禅林寺派）は、秀次追善のために建立された寺で、境内に秀次の幼児妻妾たち三十九人と家臣十人の墓ならびに秀次の五輪の塔がある。また秀次の墓所は京都市左京区の善正寺にある。

『謡抄』――関白秀次の古典愛好

さて、豊臣秀次には優れて文化的な側面があった。秀次の特筆すべき事項の一つに、日本最初の謡曲の注釈書である『謡抄』の編纂事業がある。『謡抄』とは、秀次の命によって五山僧らに命じて編纂させたもので、文禄四年（一五九五）三月二十六日からその撰述がはじめられた。

内容は、武家の間で流行していた謡の言葉が、それ自体すでに戦国時代においては難解すぎてわからなくなっていたために注釈を施したものである。「此比、於㆓京都㆒、関白秀次、謡不審耳多〻之とて、五山の知者幷足利学校に曰被付抄を、是末代の重宝也」（『当代記』巻二）としており、その間の経過が詳細に記されている。

また、『興福寺記録抜萃』には、注釈担当者の一覧がある。山伏道・有職故実・楽道・神道関係・蹴鞠・武家故実・弓武術・語義・中国古典・天台宗・法華宗・歌道・日本古典などそれぞれの分野に有識者の担当の分担があり、約二十五名ほどが参加している。

当初、謡は百番の曲目が定められたが、秀次の意向で二番（『弓八幡』・『歌占』）が加えられ、計百二曲に注が付けられた。

『言経卿記』文禄四年（一五九五）三月二十六日の条には、僧侶や公家、鳥飼道晣や謡衆、連歌師紹巴、昌叱などの識者が集まったという記録がある。

一、殿下ヨリ依仰謡之本注可仕之由有之間、相国寺鹿苑院保長老ニテ各来集、予・南禅寺三長老・相国寺兌長老・泉長老・東福寺哲長老・澄西堂・建仁寺雄長老・稽西堂等也、又殿下御内鳥飼道晣・謡衆四人等也、座敷替テ智恩寺長老・日蓮黨久

遠院・本因坊・要法寺□世雄坊等也、少々紹巴へ申遣了、等也、種々穿鑿也、

一、今日沙汰之本　高砂　うのは　みわ　忠のり　西行桜　楊貴妃　うき舟　関寺小町　江口　さねもり　源氏供養　以上十一番也

そして、この日から撰述がはじまり、曲目ごとに注を付けていったのである。作業の順番としては、まず、曲目が提示され、注する語句について分担があり、各自が自分の担当箇所の原稿を作って清書して提出し、吟味校正を経て編集するという形であったらしい。烏丸光宣、日野耀資、広橋兼勝たちが総括責任者であった。最終的な清書は六月から始められたが、もともと秀次の発案による事業であり、翌七月に秀次の死があったため、この禍々しい事件によって『謡抄』の編纂は一時期中断するのである。

秀次は、文学的な才能があったのか、連歌や古典や芸能を好み、経典の補修などにも意を払っていたという。連歌師紹巴は、戦国末から連歌会の第一人者であったが、秀次に連歌を教えている。その結果、「秀次関白殿連歌をふと御稽古ありしかば、悦て紹巴毎日登

城し給ひけり。彼御謀反の御談合の人数にやさゝれ給けん、三井寺まで流され、百石の知行、其外家財屋敷まで、昌叱に太閤御所よりくだされ、あさましき身となり給ひておはしける」（『戴恩記』）と伝えられ、一介の連歌師であるのにもかかわらず秀次の謀反の加担者として讒言され知行を奪い取られる結果となる。これは、連歌師紹巴の性格が激しいが故の事実無根の誣告ともされる。

このように、秀次の死の直後には、秀次と親しい関係にあった人々は、讒言を恐れ『謡抄』の編纂どころではなかったはずである。しかし、秀吉が没した後に、この事業はふたたび着手されて、慶長四年（一五九九）頃に一応完了するのである。

第四章　能の式楽化

内府時代の家康　将軍宣下能

豊臣秀吉の死期が近づくころ、徳川家康は五大老の筆頭として大きな勢力を持ち、官位も慶長元年（一五九六）には正二位内大臣に昇進して内府と呼ばれた。

慶長三年（一五九八）八月十八日に秀吉が没した後に、天下は家康のもとにあった。慶長四年（一五九九）には、家康が、京都聚楽第本丸跡において観世大夫に勧進能を興行させている。江戸幕府においては昔から縁のあった観世大夫が最も厚遇されることとなり、九世観世身愛（黒雪斎暮閑）が猿楽の筆頭役者の地位を占めたのである。

聚楽第は、関白豊臣秀次が失脚した後に壊され堀のみが残っており、芸能の催しをするには良い場所であったと伝わる。勧進能は四日間にわたって興行されている。その時の番組は以下の通りである。

十月朔日　翁・高砂・経政・定家・是界・自然居士・岡崎・呉服
十月二日　翁・江嶋・ゆや・夕顔・紅葉狩・遊行柳・百万・猩々
十月三日　翁・小塩・八嶋・三輪・輪蔵・東北・山姥・老松
十月四日　翁・玉井・盛久・芭蕉・卒都婆小町・羽衣・天鼓・養老

堀のみが残る聚楽第で、わざわざ勧進能をすることに、豊臣氏の栄枯盛衰を知らしめるという類の裏の意味があるかどうかは定かではないが、この勧進能によって観世大夫は栄誉を果たした。

秀吉没後の家康は、伊達政宗や福島正則らと姻戚関係を結ぶなど、禁則を破って独断専行していく。その結果、他の四大老や石田三成らと対立が深まったが、逆にこの体制を利用して勢力を伸ばしていき、ついに慶長五年（一六〇〇）の関ヶ原の戦いで武家政権の代表者としての地位を獲得した。

慶長七年（一六〇二）五月二日の『時慶記』の記事では、女院御所（勧修寺晴子）で御能をしており、九番の演目があり、大夫は金春安照であった。

同八年二月十二日に家康は後陽成天皇から征夷大将軍に補任され、従一位右大臣に昇進して江戸幕府を開き、正式に全国に対する統治権を掌握した。

同年四月四日に、将軍宣下祝賀能を二条城にて盛大に執り行った。家康は六十二歳のことである。これは三日間にわたる催し物であり、『将軍宣下能目録』（自慶長八年（一六〇三）至宝暦十年（一七六〇））によれば、初日は四月四日で、翁・高砂・〈餅酒〉・田村・〈目近〉・芭蕉・〈飛越〉・山姥・船弁慶・三輪・藤栄・大会・祝言呉服の曲目をした。このときは四座の大夫父子に演能させており、身愛、安照・宝生大夫勝吉・金剛大夫・観世三郎直述・金春七郎氏勝・宝生九郎等が参加している。二日目・三日目は、観世と金春とが演じている。四月六日は、翁・賀茂・〈煎物〉・槇田・〈三人畸〉遊屋・〈吃子〉鍾馗・〈骨皮〉・源氏供養・〈朝比奈〉・輪蔵・〈井抏〉・善知鳥・〈抜殻〉・春栄・祝言金札である。また、四月七日は、翁・養老・〈鶏聟〉・資盛・〈素襖落〉・千手・〈ぶす〉紅葉狩・〈瞽女座頭〉・天鼓・〈仏師〉・橋弁慶・岡崎・葵上・唐船・女郎花・祝言老松である。

将軍宣下祝賀能は、家康を先例として十四代家茂まで踏襲された。

家康は、この後、江戸と伏見を往復し、慶長十年（一六〇五）四月十六日に将軍職を子の徳川秀忠（二十四歳）に譲っている。その後も、家康は大御所と呼ばれ、同十二年（一六〇七）からは駿府に居城し、朝廷・寺社関係や外交、および貨幣と交通など全国的な政務を統轄して、江戸の幕府と並び、二元政治の体制をなした。

四座筆頭格の観世大夫身愛

金春大夫安照は、太閤豊臣秀吉によく仕えて、既にその御用役者的存在になっていた。金春座はもともと太閤秀吉から直接扶持されていたということもあって、金春座＝太閤色という印象を強く与えた。安照は芸の力や、それを教える人柄という点では特に優れていたため武将たちの評判もよく、徳川家康は決して嫌うわけではなかったが、やはり浜松時代から縁の深かった観世大夫を筆頭に据えた。

『当代記』巻四によれば、慶長十一年（一六〇六）八月二日・三日両日ともに、京都の二条城において能を開催している。初日は観世大夫が脇能を行い、後日には脇能は金春大夫が行った。つまり秀吉時代と、金春と観世との順序が逆転したのである。家康の意向は、観世大夫が筆頭であり、金春大夫はその次に位置するということになる。八月七日・八日両日、院御所においての能も同様の順番であり、観世家筆頭が印象付けられた。

また、二十一日には加藤肥後守邸で能が催されたが、この時も観世大夫が呼ばれている。実はそこにはある事情があって、去年は金春大夫に能をさせたところ、大御所である家康が「観世大夫に能をさせずに不快」としていると聞き及んだので、今年は観世大夫に能をさせ、その褒美として「銀子二十枚、唐織の小袖一重」、観世大夫の息子に「銀子十枚小袖一重、唐織うす板」、其外にも出演した面々へ引出物があった。

このように、どの大夫が雇用されるかという政治的構図は、前代の権力者が誰をどう厚遇したかにもよる。文化的な記号としての役者の人気や贔屓筋はうつろいやすく、玄人集団ともなれば、その実力は甲乙つけがたく、素人目からみるとあまり変わらないため、代替可能なものでもある。さらに流派の第一人者ということが大切であり、宗家とは能の伝承や技術は無論、番組編成や政治的な統制力など万事行き届いていなければならない。

細川幽斎と武家典礼

家康は慶長十二年（一六〇七）二月十五日には、細川幽斎（一五三四―一六一〇）に『室町家式』三巻『室町将軍家礼式』三巻を提出させており、その後、徳川幕府の典礼式を定めさせた。

幽斎は、藤孝時代に和歌・連歌の道に達し三条西実枝より古今伝授つまり『古今和歌集』の秘訣を受けて、二条家歌学の正統を伝え、九条稙通より『源氏物語』の奥義を授けられている。田辺に籠城の際には、後陽成天皇が「古今伝授」の秘事の伝統の絶えることを惜しみ、勅命を以て開城の趣旨を伝えさせたことは有名である。また、茶道・料理・音曲・刀剣鑑定・有職故実などあらゆる学術芸能の極致を極めた文化人である。包丁は大草流で

『言経卿記』では徳川家康の前で鯉料理をした記事が残る。剣は塚原卜伝である。大力といわれ力は強かった。松永貞徳『戴恩記』等にも記述がある。武人であるから幽斎の軍法に関する覚書『細川幽斎覚書』（史籍集覧）など合戦の経験からの訓戒が残る。

能については、幽斎は太鼓の名手として知られる。観世与左衛門国広について太鼓を極めた。能も愛好しており、幽斎居城の山城青竜寺城や丹後田辺城への能役者の出入りもしきりであった。

子の細川忠興も観世宗節に謡を習う。著述は『伊勢物語闕疑抄』『百人一首抄』『室町家式』などがあり、歌集に『衆妙集』があるが、元亀二年（一五七二）三月十五日には藤孝邸において猿楽を催すなど、能にも造詣が深い。例えば、『幽斎道之記』（九州道之記）、『太閤記』所収の記事には、秀吉の九州征伐を慰撫するため天正十五年（一五八七）、三月の初めに九州に下向した。その際、太鼓のみならず笛鼓の役者も呼んで乱舞をしている。

若州葛西と云者たづね来りて対面しける。太鼓うつ人にてわかき衆おほく同道有て、一番聞べきよしあれば、さらばとて催しけるに、両国造より所につきたる肴樽など使にて送られける程に、笛鼓の役者共きごみて、夜更まで乱舞有けり。

とある。また五月七日の条には、以下の和歌がある。詞書には「あこのうら波のたかく聞えければ」とあり、和歌は「小つゞみのどうにしらべやあはすらんうつ音たかしあこのうら波」とある。すなわち、小鼓の胴、阿湖浦波の音、調べ、鼓を打つ音と能楽関係の縁語が続き、波の音が鼓の音に擬えられているのである。

室町幕府の文化基盤はその典礼儀式とも重なって、戦国時代に細川家を通じて徳川家につながる形になっている。能も同じように武家の式楽へとなっていくのである。

『当代記』巻四によれば、慶長十二年（一六〇七）正月七日より三日連続して、江戸において能を興行している。観世座は前年十一月に下向し、金春座は十二月下向する。初日の能のころ、神田の下町で火事があり二百間余りが焼亡した。町人たちが能見物で外出している処にこのような火事になったという。

この頃の将軍家よりの下賜は「観世大夫銀百枚　今春子銀百枚　綿百把（中略）此外猿楽共、何も銀十枚」とあり、また、同年（一六〇七）二月十三日より江戸本丸と西の丸の間にて、観世大夫と金春大夫との勧進能があった。このときに家康から下賜された金額は、

江戸小判五両　観世太夫　江戸小判五両　金春大夫金壹枚　狂言大蔵弥右衛門　金壱枚　同狂言長命甚六　同金壹枚　同狂言鷺二右衛門　同　京町人、当時わき也進藤久右衛門

という記録がある。慶長十三年（一六〇八）正月二日には、江戸城において「謡初」が催される。そして家康にどのような考えがあったのか、翌年三月に、それまで太閤秀吉のもとで大坂に詰めていた四座の役者を駿府に呼び寄せることにする（『当代記』巻五）。

秀吉が採用した猿楽四座保護策は、役者一人に付き或五十石、或いは三十石と、役者の分に応じて与えるというものである。こうした知行や扶持や配当米についての保護は、前

年までずっと豊臣秀頼が引き継いでいたが、春に家康の意向により四座の役者が大坂から離れてしまったため、秀頼はやむなくこの儀を止めた。

家康は秀吉の四座の役者に対する保護をそのまま踏襲して、扶持することになる。家康が没した後には、そろって江戸へ移った。四座の大夫は拝領屋敷を与えられてそこに住み、江戸城本丸へと出勤したのである。かくして四座の本拠地は江戸になる。これは徳川政権が能を正式に幕藩体制下に管理することにつながる。

慶長十四年（一六〇九）四月二十八日の記事において、駿府では家康の子供たちにも能を舞わせている。常陸守（徳川頼宣）は八歳で能を三番舞い、播磨池田三左衛門息男藤松（のちの忠継）は十一歳で三番、其弟両人とも同じく能をしている。翌二十九日には、金春親大夫、子大夫、観世、宝生、金剛、四座の大夫による能がある。また五月一日、能が催されたときには、「今春若大夫、大大夫三番、子大蔵大夫梅若日吉、今春新五郎、大大夫二番、子金剛亀千代、古金剛実子能あり」という記録が残り、さかんに駿府と江戸とを行き来しながら、能を催していた。

観世身愛の出奔事件

徳川家の筆頭能大夫として、観世黒雪―観世大夫身愛は公的に華やかな地位にあった。確実に一家の繁栄は約束されていたともいえる。観世身愛は光悦流の美しい筆跡に拠る謡本が残る。ある種の天才肌の人間であったかもしれぬ。

身愛は当代一流の文化人でもあり、元和六年（一六二〇）観世流謡本で百番から成る『元和卯月本』を出版している。これは現代における重要な資料であり、かつ重要な謡本といえる。身愛は本阿弥光悦などとも親しく交流があった。

文化人としての誉れも高い身愛がどういう人柄であったかは伝わっていないが、観世大夫の跡を継ぐべき長男三郎孝和を慶長十三年（一六〇八）頃に十九歳で廃嫡にしている。癇性であったのか、理由は審らかではない。既にこの当時四座の大夫として大大夫、子大夫と親子共演を果たしていたところからも、芸道の上で何か重大な失敗か不都合があったのか、わからないが、一族繁栄を思うと妙な印象は否めない。

実は身愛は、生涯において二度ほど事件を起こしている。その最初が、文禄三年（一五九四）四月二十一日太閤豊臣秀吉の演能の最中に居眠りをして折檻されて、家の道具書物類を徳川家康などに管理され、扶持を停止されたことである。如何に太閤といえども素人の演じた『源氏供養』に嫌気がさしたのであろう。身愛折檻の記事は、『駒井日記』の四月廿一日条において、

一観世大夫（身愛）御折檻之由、家をハ御たやし有間敷候之間、道具書物以下誓紙ニ而有次第、家康・浅弾正へ苻を付可相渡由、座中茂無弁儀候、御はいたうハ御おさへ可被成由、昨日の御能ニねふり申ての事故之由

とある。処分はたいへん厳しかった。観世座の家を絶やすことはできないため、能道具、書物類が家康、浅野弾正に預けられ、配当米の支給を停止した。この怒りがどこまで続き、実行されたのかは詳らかではないが、十月には許されて、豊臣秀次の聚楽第の能に出仕し

ている。

そして、二度目が慶長十五年（一六一〇）五月二十三日の出奔事件である。伊達政宗と上杉景勝を接待するためにさまざまな準備が整い、身愛は『翁』を勤める予定であったが、その前日の夜に、彼は駿府から逐電して行方不明になったのである。前代未聞のことといえる。『当代記』巻五の記録では、その原因は、五月七日に梅若大夫が駿府に招かれ勧進能を催しており、梅若大夫を贔屓していたための出奔かと噂される。しかし本当の理由はわからない。

身愛はその後発見され、剃髪させられて高野山に籠居して、名前を「服部慰安斎暮閑」とした。「ぼかん」とは間の抜けた響きである。

結局、この身愛不在のときに贔屓されたのは、知己の能大夫下間少進であった。『当代記』巻六の記事において、慶長十六年四月十四日に金春大夫が『翁』・『高砂』・『柏崎』をし、『千手』・『重衡』を少進が謡う。家康がこれを見物しており、小袖を下されている。九月十五日には駿府で能があり、また十月二十二日には、金春大夫と少進が能を舞っている。

二十六日には「今春太夫罷上之間、将軍より引出物被下、銀子百枚、御服二重、何も唐織、縫の小袖也、座中の猿楽共、何も御服被ㇾ下其中に春藤わき大蔵長右衛門、同助蔵、幸の清五郎、鷺伊右衛門狂言　山科彌右衛門、今春彦九郎、狂言徳右衛門、此等之者共には、或は金一枚、或は銀十枚つゝ被出、大蔵太夫にも御服一重、銀十枚也、少進法印唐織二巻、銀百枚也。」とある。

この身愛の出奔は観世大夫不在という事態を招き、慣例となっていた徳川家の謡初めは慶長十六年（一六一一）には梅若が勤め、身愛帰参後の慶長十八年には観世・梅若両人が勤める形に替っている。十七年二月に帰参後は「観世左近大夫暮閑」と名乗る。

慶長十八年三月五日には駿府三之丸で能の記事がある。すなわち、

駿府於三丸、常陸主能し給、五番常陸主、翁脇の能末の祝言観世大夫夫仕之、今春大夫二番仕、合九番也、此観世大夫は慶長十五年蒙勘当去年、召直、駿府に祇候、廿八日より九日迄両日、駿府又能有、常陸主四番、今春六番、少進四番、観世三番、梅

若一番、合両日十八番、

とあり、駿府三之丸において観世大夫暮閑は、勘当の後、去年から召し返され駿府に伺候している。金春大夫、少進と梅若大夫も呼ばれている。だが結局、出奔の代償は大きく往年の愛顧は回復しなかった。

秀吉によく仕えた金春大夫安照はその人柄と能の知識や技術、専門性の高さなどで信用を得てゆくし、また姿形もよく知的と伝わる本願寺能大夫の少進は立場が微妙な時期もあったが、丹波猿楽で観世座に加わった梅若大夫らを家康は後援した。

家康は慶長十五年(一六一〇)の身愛の駿府出奔事件の後に、観世座の立て直しのため、宝生座狂言の鷺仁右衛門や金春座太鼓の金春佐吉を観世座に移籍させたりしている。

家康の天下統一――能の文化振興

このころ豊臣秀吉ゆかりの豊国神社において猿楽能もあったが、秀吉の時代は終焉に近づいていた。慶長十五年（一六一〇）には能をせずに、金春大夫が弓矢の立合だけを行っている。その内容は、およそ奈良の春日若宮神社の御祭猿楽にほぼ同じであるという。能の広がりは、このころ琉球国においても確認されており、日本と同じように、詩和漢連歌や猿楽の能などもあったという。

そして慶長十六年（一六一一）に、徳川家康は京都の二条城で豊臣秀頼と会見している。豊臣家が強い勢力を保ったのは、秀吉の蓄財と難攻不落といわれた大坂城のためである。秀頼が大坂城を出、二条城を訪ねたのは象徴的な出来事であった。家康はこれ以後大坂の陣にいたるまで、着実に天下を治めるべく政治を行っているが、駿府では下間少進と金春大夫を招いて、能をさかんに催している。慶長十七年（一六一二）においては千歳の舞について、思いのほかに下手な舞であったことから、家康のお叱りがある。

四月廿二日、能有、大御所賢慮の外の猿楽千歳を舞けるとて、当座に叱給、依之舞台に並居ける猿楽共、周章不斜、又一度式三番を仕、扨脇の能過、大御所本丸へ御帰

の間、能は空止たり、希代の曲事也　（『当代記』巻七）

家康の晩年、慶長十八年（一六一三）も、駿府では能が定期的に催されていた。『当代記』巻九によると慶長十九年、駿府の三之丸で能をしている。このころの贔屓の役者は、金春大夫安照であり、孫の七郎大夫とともに呼ばれている。また大蔵大夫や下間少進もよく召される役者であった。安照が重きをなしたのは、能に対する学識があるからと噂されており「祝言・幽玄・恋慕・哀傷」など曲趣をわきまえて演じていた。この当時の猿楽役者で無学なものは鬼能であっても女能のように拍子を打ったり、ちぐはぐなことが多かったという。

また江戸城においても、慶長十九年七月十五日同十六両日は「於江戸城、有能、去月中旬従駿府今春大夫幷少進法印下着、一日十一番宛也、其内八郎大夫四番宛行之」（『当代記』巻九）の記事がある。

大坂冬の陣の前において次のように伝えられる（『東照宮御実紀附録』巻十四）。

慶長十九年十月朔日に、駿府城で、観世左近に猿楽をお命じになって、頼宣や頼房の両公達も演じるようにお達しがあり、御能の催しがある予定だったが、前夜からあいにく雨が降り出して翌朝まで続いた。

実はこの頃に、有名な方広寺の鐘銘事件があった。鐘銘には「国家安康」・「君臣豊楽」などの文言が刻まれていたが、家康の名前を分断して不吉極まりなく、豊臣家の繁栄を願っているため、徳川を呪詛したという理由で徳川側が問題視したために起こった。秀頼側に大坂城を明け渡すか、秀頼か淀君かを人質に出すよう求めた件である。この事件を発端として秀頼側と徳川側との間には緊張関係が続いていたが、最終的に京都所司代の板倉伊賀守勝重のもとより早馬が来て、秀頼方が従わなかったことが伝わり、急遽、諸大名に出陣を命じた。そこで出陣の準備となった。事情をまだ知らずに能をみるために集まってきた者たちには「近日出陣するものが。能など見て居らるゝものか」との上意を伝えたのである。

そしていよいよ十九年から翌元和元年（一六一五）にかけての大坂冬の陣、夏の陣によって豊臣氏を滅ぼし、幕府の前途への不安を除いた。

元和元年（一六一五）に家康は『武家諸法度』『禁中并公家諸法度』を制定して幕府の基礎を固めた。そして元和二年四月に家康は七十五歳で病死する。

家康は、頑強な身体と明敏な判断力に恵まれていた。人質時代が長く幼少時に不遇であったといえるが、性格は粘り強く人徳をも持ち合わせ、人に対しては礼儀を重んじ、人心を理解し、情勢を的確に判断することができた。

兵法にも優れており、馬を操り果敢な行動力を発揮して、譜代の家臣たちを統率した。すぐれた家臣を育て、武将として四天王と呼ばれる酒井忠次・本多忠勝・榊原康政・井伊直政らがいた。豊臣政権末期には秀吉をはじめ多くの大名の信望を集め、ついに秀吉の後継者となって幕藩体制を確立するという大きな歴史的役割を果たした。

また、僧侶の天海・以心崇伝らを社寺や朝廷対策、また外交などに活用している。学問を愛好し、藤原惺窩や林羅山など儒学者の講義を聞いていた。史書を通じて、唐の太宗皇帝や源頼朝を尊敬していた。学者らに命じて、古書や古記録を蒐集させて『孔子家語』

『貞観政要』『吾妻鏡』『大蔵一覧』『群書治要』などを活字版で出版させたことにより、文運交流の端緒となった。

『東照宮御実記附録』巻二十五においては、家康は文武の道を重視し大和猿楽四座の大夫や狂言師などでも名を得たものは召し出して観能した。本願寺の少進も猿楽の達者として呼ばれたことがたびたびある。それは猿楽を好み、月ごとに度々興行していたのも、もとより自分の娯楽のためではなく、公家への饗応、諸大名、御家人を慰労するためであり、常に人々に陪観させていた。

その外にも、越前の幸若大夫、平家の琵琶法師、囲棋所本因坊算砂や将碁の宗桂など道の名人を召して鑑賞していたと伝わる。こういう事情で道々の技を伝えるものも怠らずに、名人や達人が多く出たという。

徳川秀忠の喜多流贔屓――喜多七大夫

二代将軍徳川秀忠（一五七九―一六三二）は、徳川家康の三男であったが、長男信康が生害、次男は結城秀康として結城氏に養子縁組しており、秀忠が知勇と文徳を備えた人物として推され、その地位を引き継ぐことになった。書は優美な御家流で、茶は古田織部に習っている。

秀忠も家康と同様に能の嗜みがあり、文禄二年（一五九三）の豊臣秀吉主催の禁中能で小鼓を打っている。慶長二年（一五九七）には右近衛大将に任命され、慶長十年（一六〇五）に家康から将軍職を譲られた後、五月三日には、秀忠も同様に将軍宣下祝賀能を行っている。二十四歳のことである。初日は四座の大夫父子による演能、二日目以後はまだ健在であった観世身愛、金春安照の演能である。

元和四年（一六一八）に、幕府は猿楽配当米の制度について、秀吉の制度を踏襲することになるが、寛永元年（一六二四）からは有力な能役者に屋敷を与えて、江戸に住居を定着させている。

さて、将軍秀忠を語るには新しい能の流派の成立、つまり現在の喜多流のことに触れる必要があろう。喜多流の歴史については表章氏『喜多流の歴史』（角川書店）に詳しい。

喜多流の流祖の七大夫長能（一五八六—一六五三）がこの時代に華々しく登場する。彼は堺の医師の子であり太閤時代に七歳という頑是ない年齢で能を上手に舞ったので「七ツ大夫」と呼ばれた。豊臣氏の後援によって金剛座に入ることになり文禄四年（一五九五）には、金剛方七ツ大夫として活躍、金剛大夫弥一の養子となっている。興福寺の薪猿楽などに出演し、人気のある子役の大夫であった。その後金剛三郎を名乗り金剛大夫を継いだが、『当代記』巻五、慶長十五年（一六一〇）三月の記事には、

当月、金剛太夫三郎　是は太閤の時、七つ大夫と云し者也、於堺勧進能有之、打続雨降けれは、延引覚外也、其砌有落書、
今日も又能さふらうと触けれは雨降ぬれはこんかふ入ぬ

とある。堺の勧進能の際に、続いて雨が降ったので能が遅延したことへの落書である。「能さふらう」は、金剛三郎という名前にかけた落書である。能を仕《つかまつ》ろうというお触

れがあったが金剛大夫は雨のためになかなか出演できなかったのである。

この七大夫長能は大坂夏の陣では恩義のある豊臣方に加担したため、家康には冷遇され、一時期失脚していた。しかし秀忠はその芸風を好んで贔屓とし、元和五年（一六一九）には金剛七大夫として復帰を許され、伏見城で演能している。また翌年には江戸御成橋にて勧進能興行を許されており、それ以後の七大夫は喜多（北）七大夫と名乗って金剛座を離れて独自に活動した。

将軍秀忠・家光に贔屓されたため、このとき喜多流は観世座・金春座以上に時めき、四座とは別の一流としての地位を確立する。そのため他の大夫からは嫉妬されており、寛永十一年（一六三四）には、習いのない老女物の秘曲『関寺小町』を演じる。この老女物は格別に重く扱われる曲であり、宗家の許可なくして演じられない。喜多流は相伝のない曲を勝手に演じたことが露見して厳しく咎められ、結局、謹慎処分「閉門」を命じられた。閉門とは、門扉、窓を閉ざし昼夜ともに出入りを禁じるという江戸時代の刑罰である。このときは伊達政宗が取りなして赦免される。

秀忠時代には喜多座が五座、つまり一流の創設（江戸時代には四座一流と呼ばれた）を認められたことが、江戸時代の能楽界の最大の出来事であった。さらに喜多流が全盛時代となったため、この時期新たに能役者を抱えた藩の大夫はほぼ喜多流となる。秀忠は隠居した後も、大御所として江戸の文化圏に君臨し、その周りには黒田長政、政宗、藤堂高虎などが出入りしていた。

徳川家光と能楽の隆盛

さて、能はこの後、江戸幕府にどう受け入れられていくのか、徳川家光（一六〇四―一六五二）時代に入ると、文化政策の一端として万全の体制が整っていく。

江戸幕府三代将軍家光は慶長九年（一六〇四）七月十七日に生まれる。母は徳川秀忠正室浅井氏（お江、崇源院）である。幼名は竹千代。幼時に母親は聡明で利発な弟国松（徳川忠長）を偏愛しており、父秀忠もその影響を受けていたので、乳母の春日の局をはじめ竹千代付きの者は国松が将軍を継ぐのではないかと懸念していた。

春日の局が跡継ぎ問題を徳川家康に直訴したために、家康は長子単独相続制度というべき体制を整えることになる。こうして、竹千代の世継ぎの地位は確定した。家光の弟への脅威は後年にいたるまで続き、父の死後、国松（忠長）の領地を没収して死を命じている。

元和九年（一六二三）、家光は二十歳で将軍宣下し、八月十四日に宣下能をしている。番組は代表的な作品が多く、宣下能の内容はあまり変わらないが、役者自体は代替りしており、観世大夫重成、金春大夫重勝、喜多七大夫長能などが勤めている。

家光は自分が将軍になった経緯から、終生、祖父の家康を敬愛し、その気持ちはある種信仰の域に達している。家光は晩年にしばしば夢中に家康の姿を見ておりそれを狩野探幽に命じて描かせた。この「夢想の画像」が日光の輪王寺に伝わる。

そして家光が果たした大事業がある。それは家康崇拝の念によって実行されたが、寛永十一年（一六三四）から十三年にかけての日光東照宮大造営である。その経費五十六万八千両余はすべて幕府の支出である。

家光は秀忠の死による大赦で、紫衣事件によって配流されていた大徳寺の沢庵宗彭らを赦免してまた諸国に巡見使を派遣した。実はこの沢庵とは現在の能の笛方藤田流の始祖、藤田清兵衛の叔父にあたる。藤田流は清兵衛重政を伴って京都へ連れて行ったことが機縁となり、禁裏笛方の近衛家に仕えたことにはじまる。その後名古屋の尾張藩に笛方が誕生したのも二代将軍秀忠が近衛家の藤田を尾張藩の笛方としたためである。一方沢庵は家光の帰依を受けたことにより将軍家に近侍することになる。

家光は気性も明るく活発であり狩猟や武芸を好んだ。将軍としては整備されてきた幕府体制の政治の頂点にいる存在で父祖家康のようにその主導権を幕政に発揮する余地は乏しかった。

こうした体制の中において家光も諸大名邸での御成能を繰り返していた。そのため大名家では能役者を士分として抱える必要が出てきたのである。家光は特に喜多七大夫を贔屓しており、能には家康と同様の保護を加えている。

また家光は、手猿楽―柳生但馬守宗矩らの素人の能を好んだり、舞囃子の原形と言える壺折仕舞や狂言小舞などを楽しみもしている。

寛永十四年（一六三七）の島原の乱の影響によって、翌年には徹底的に藩の体制を改めることになるが、それは政治の世界だけではなく、それと連動する形で能役者にまでも及ぶことになる。能楽界においては、寛永十八年（一六四一）に幕府の公式の催しを、四番の能（狂言二番）の首尾に『翁』と祝言能を置く形に統合されたのである。

また、秀忠・家光が愛顧したために起こった喜多七大夫偏重とそれへの嫉視については、五座各流派を平等に改めるなど能楽界への指導が始まる。同時に幕府は諸芸に対する管理体制を強めており、芸の質に対してはその水準がきちんと保持されるように監督するようになる。将軍家の御成りなどがあるため、諸藩の能も同様に役者や芸に対する監督が厳しくなっていく。

こうして江戸幕府においては武家式楽としての能楽が定着することになる。武家的な規範性のある格調の高さと教養とを顕示するために能楽は絶好の伝統芸能であった。

一方で、素謡が流行するために、謡曲はその文学的な側面において「謡」の詞章が、芭蕉や西鶴などを始めとして、江戸文学に多大な影響を与えたのである。

能楽史関係　略年譜

南北朝時代

一三三三　元弘三年　鎌倉幕府滅亡。初代観世大夫　観阿弥清次が生まれる。

一三三四　建武元年　丹後国分寺の延年で「咲《おかし》」が演じられる。（丹後国分寺建武中興縁起）

一三三九　暦応二年　紀州幡河寺にて勧進猿楽がある。勧進猿楽の初見。

一三四九　貞和五年　春日社の若宮祭で巫女が、式三番や猿楽能二番を演じ、禰宜が立合、田楽能二番を演じる。能の具体的な内容を示す最初の記録。

六月　京都四条河原で田楽本座・新座による大規模な勧進田楽が催され、足利尊氏以下貴顕が見物するが、桟敷が倒壊し、死傷者が出る事件となる。

一三六四　貞治三年　世阿弥、生まれる。（貞治二年説もあり）

一三六八　応安元年　足利義満、室町幕府三代将軍となる。（十一歳）
一三七二　応安五年　観阿弥、醍醐寺にて七日間の猿楽を興行し、京洛に名声を高める。
『隆源僧正日記』
一三七五　永和元年　観阿弥、京都今熊野で能を興行する。将軍義満が見物し、以後観阿弥世阿弥父子を後援する。（前年の可能性もあり）『申楽談儀』
一三七六　永和三年　二条良基が藤若（世阿弥幼名）の美貌や、蹴鞠・連歌の才能を礼賛した書状を書く。『尊勝院宛良基消息詞』
一三七八　永和四年　世阿弥が関白二条良基邸にて連歌を詠み、賞賛される。『不知記』将軍義満、祇園会の鉾見物の桟敷に世阿弥を同席させて、公家（三条西公忠）の顰蹙を買う。『後愚昧記』
一三八四　至徳元年　観阿弥、駿河にて客死する。（五十二歳）
一三九二　明徳三年　南北朝、合一する。

室町時代

一三九四　明徳五年　足利義満、興福寺一条院にて、世阿弥の能を見る。

一三九九　応永六年　世阿弥、京都一条竹ガ鼻で勧進猿楽を興行する。

一四〇八　応永十五年　後小松天皇、足利義満北山邸に行幸。能は犬王。五月　足利義満が没する。（五十一歳）

一四一三　応永二十年　犬王道阿弥、没す。

田楽新座の増阿弥が大炊御門河原にて、将軍足利義持後援による勧進能を興行。増阿弥は、以後応永二十九年まで毎年義持後援により勧進能を継続。

一四二二　応永二十九年　世阿弥、出家する。観世大夫は嫡男元雅に譲る。

一四二七　応永三十四年　観世三郎元重（音阿弥）、義円の後援を得て伏見稲荷辺りで勧進猿楽。

一四二八　正長元年　将軍義持没する。将軍職には岩清水八幡宮にて僧籍にあった義円（義教）が神籤で選ばれる。以後、世阿弥の甥の観世三郎元重（音阿弥）が愛顧される。

一四二九　永享元年　仙洞御所での世阿弥父子の能が義教の命により中止。

一四三二　永享四年　世阿弥の嫡男観世十郎元雅、伊勢安濃津で客死。

一四三三　永享五年　観世三郎元重（音阿弥）、将軍義教後援による勧進能興行。以後観世大夫は音阿弥家に移る。

一四三四　永享六年　世阿弥が佐渡に配流。

一四三六　永享八年　世阿弥は小謡曲舞集『金島書』を編む。以後世阿弥の動静は不明。嘉吉の変後に許されて帰郷したか。

一四四一　嘉吉元年　嘉吉の変。将軍義教、赤松満祐邸にて饗応を受けている最中に暗殺。事件は音阿弥の能の見物中。

一四六四　寛正五年　音阿弥、将軍義政後援の嫡男観世大夫又三郎の糺河原勧進能に出演。十二番の能を演じる。

一四六七　応仁元年　応仁の乱始まる（〜一四七七）。音阿弥、没す。（七十歳）
一四七一　文明三年　金春禅竹この頃没す。
一五二四　大永四年　『能本作者注文』成る。
一五三四　天文三年　織田信長、生まれる。
一五三七　天文六年　豊臣秀吉、生まれる。
一五四一　天文十年　武田信玄、父信虎を追放。
一五四三　天文十一年　徳川家康、生まれる。
一五五〇　天文十九年　武田信玄、御能館の取決めあり。この頃までに観世大夫を扶持。
一五六〇　永禄三年　桶狭間の戦、信長が『敦盛』を舞い士気を高め奇襲戦により勝利。
一五六一　永禄四年　上杉政虎、大倉源右衛門の大鼓に褒美を与える。この頃家康、岡崎城にて謡初めを挙行。
一五六三　永禄六年　三河の一向一揆。

一五六五　永禄八年　永禄の変。松永久秀と三好三人衆が将軍義輝を暗殺。
一五六七　永禄十年　伊達政宗生まれる。
一五六八　永禄十一年　足利義昭、十五代足利将軍となり、信長が観世大夫に命じ将軍宣下祝賀能を催す。信長、能役者に朱印状を出す。
一五七一　元亀二年　観世宗節・元尚父子、徳川家康を頼り、遠州浜松で演能。家康も参加。
一五七二　元亀三年　三方ケ原の戦い。
一五七三　天正元年　足利義昭追放され、室町幕府滅亡。武田信玄没する。
一五七四　天正二年　長篠の合戦。

桃山時代

一五七六　天正四年　織田信長　安土城を築く。
一五八一　天正九年　織田信長、長男信忠の能道具一式を取り上げ梅若大夫に与える。

一五八二　天正十年　織田信長、徳川家康と穴山梅雪を招待し能と幸若舞で接待。本能寺の変。
一五八四　天正十二年　小牧長久手の戦。
一五八七　天正十五年　豊臣秀吉、聚楽第完成。バテレン追放令（宣教師追放）。
一五八九　天正十七年　大蔵道知、駿河家康の許に下り鼓を披露。
一五九〇　天正十八年　北条氏滅亡。家康、江戸城へ。
一五九一　天正十九年　千利休切腹。
一五九二　文禄元年　豊臣秀吉、朝鮮出兵、文禄の役。
一五九三　文禄二年　豊臣秀吉、能に熱中する。禁裏にて三日間の催しをして自身も能を十二番演じる。この年より、猿楽の扶持米を配給する。
一五九四　文禄三年　所謂太閤能を作らせ上演する。
一五九五　文禄四年　豊臣秀次の指示により『謡抄』の撰述始まる（慶長四年頃終了）。謀反の疑いにより豊臣秀次切腹、子女妻妾三十余名も三条河原にて処刑。

一五九六　慶長元年　サンフェリペ号事件（宣教師処刑）。
一五九七　慶長二年　慶長の役。
一五九八　慶長三年　豊臣秀吉没す。
一六〇〇　慶長五年　関ヶ原の戦い。

江戸時代

一六〇三　慶長八年　徳川家康征夷大将軍となる。家康の将軍宣下能、二条城にて開催され、観世・金春・宝生・金剛の四座の能が演じられる。徳川幕府は、能を式楽と位置づける。
一六〇五　慶長十年　徳川家忠、二代征夷大将軍となり、将軍宣下能。
一六一四　慶長十九年　大坂の陣（～一六一五）。
一六一六　元和二年　徳川家康、没す。

一六一八　元和四年　幕府、猿楽配当米の制度を定める。
一六二〇　元和六年　喜多七大夫、江戸城御成橋で四日間の勧進能を興行。
元和年間に喜多流が加わり五座となる。
一六二三　元和九年　徳川家光、三代征夷大将軍となり、将軍宣下能。
一六三七　寛永十四年　島原の乱。
一六四六　正保三年　『四座役者目録』成る。
一六四七　正保四年　幕府、五座の役者に対して家芸に精進すべきことを指示。

索引

人名索引

曲名索引

書名索引

おわりに

戦国武将と能との関係は、結局どのようなものであったのか？　織田信長・豊臣秀吉・徳川家康と続くが、信長の文化政策は、足利将軍家の北山文化・東山文化をモデルにして独自の豪華絢爛としたものを政治的に顕示することを目指し、また秀吉は自らを太閤秀吉という主人公であるかのように黄金の茶室や太閤能などで派手なパフォーマンスを見せた。一方家康は能を地道に教養の一として嗜み式楽としていった。徳川家とその文化政策、教養政策という政治的な要因によって、能は武家社会に浸透した。観阿弥・世阿弥時代の室町文化は、最終的に江戸時代の歌舞伎や、日本舞踊などその後の多くの派生する日本の伝統芸能や文化に影響を与えたといえよう。

考えてみてほしい。もしこの世から能というものがなくなったら、それは日本の伝統文化、芸術にとってどのような損失となるのであろうか？　すっかり喪失してしまえば、事の大きさに、或いは誰も気づかないかもしれないが、能楽界のみならず各芸能に縦横の影響を与えた能を失うことへの危機意識は現代社会において常にある。筆者は無形文化遺産でもある能を、一人でも多くの人に伝えていきたいという気持ちを常に持っている。

参考文献は、本文中に随時言及した文書類、資料類である。『史籍集覧』、『史料綜覧』等を参照されたい。また鈴木正人氏『能楽史年表』（東京堂出版二〇〇七年）、天野文雄氏『能に憑かれた権力者』（講談社一九九七年）、表章氏『観世流史参究』（檜書店二〇〇八年）、岩波講座『能狂言I能楽の歴史』（岩波書店一九八七年）他多くの先行文献を参照した。

本書がこのような形でまとまったのは、二〇一一年度、山中玲子所長の御好意による野上記念法政大学能楽研究所におけるサバティカルの成果である。また根気よく応援して下さった方々、写真・図版の掲載をご許可下さった関係各所、銕仙会様、新典社の編集担当の小松由紀子様の御蔭でもある。紆余曲折を経て及ばずながら一つの形にまとめることができた。校正等では松岡芳恵さんのご協力も得た。皆様方に心から感謝申し上げたい。

原田　香織（はらだ かおり）
1959年、北海道函館市生まれ。東北大学文学部文学研究科博士課程。東北文教大学（前山形女子短期大学）助教授を経て現職。
専攻：日本中世文学・能楽研究・日本文化研究
現職：東洋大学文学部日本文学文化学科教授
著書：『能狂言の文化史―室町の夢―』（世界思想社、2009年）
『現代芸術としての能』（世界思想社、2014年）
共著：『狂言を継ぐ―山本東次郎家の教え』（三省堂、2010年）
『かなの美―小倉百人一首』（近代書道研究所、岳陽舎、2017年）
他。論文多数。

新典社新書 75
戦国武将と能楽
信長・秀吉・家康

2018 年 3 月 4 日　初版発行

著者 ―― 原田香織
発行者 ―― 岡元学実
発行所 ―― 株式会社 新典社
〒101-0051　東京都千代田区神田神保町1-44-11
編集部：03-3233-8052　営業部：03-3233-8051
ＦＡＸ：03-3233-8053　振　替：00170-0-26932
http://www.shintensha.co.jp/　E-Mail:info@shintensha.co.jp

印刷所 ―― 惠友印刷 株式会社
製本所 ―― 牧製本印刷 株式会社

ISBN 978-4-7879-6175-4 C0295

定価はカバーに表示してあります。
乱丁・落丁本は、お取り替えいたします。小社営業部宛に着払でお送りください。